철학하는 습관

철학하는

습관

오늘 더 성장하고 싶은 나를 위한
매일의 철학 사용법

남연주 지음

위즈덤하우스

성찰하지 않는 삶은 살 가치가 없다.

소크라테스Socrates

철학이 습관이
될 수 있다면

철학은 철학자들만 할 수 있는 것일까요?

이 질문은 '운동은 프로 선수만 할 수 있는 것일까요?'와 같습니다. 운동은 프로 선수뿐만 아니라 남녀노소 모두에게 권장하는 활동입니다. 혼자서도 할 수 있지만 PT를 받는 사람도 있고 운동선수의 경기를 보며 영감을 받는 사람도 있습니다. 어떻게 운동을 하든 가장 중요한 것은 운동을 습관화해 평생의 자산으로 삼는 것이겠지요.

철학도 마찬가지입니다. 철학은 궁극적으로 인간과 세상을 더 깊이 이해하려고 애쓰는 학문입니다. 소크라테스처럼 유명한 철학자가 아닌 어린이도 할 수 있고, 할수록 더 주도적이며 내적으로 풍요로운 삶을 살게 됩니다. 그런데 운동이 습관화돼 있지 않은 사람을 헬스장에 데려다놓고 "알아서 운동해!"라고 하면 당황할 수 있듯이, 철학적 사유를 습관화하기 위해서는 안내가 필요합니다. 이 책은 당신에게 철학하는 습관의 초석을 마련해주고자 합니다.

이 책은 철학에 삶을 바친 역사적인 철학자들이 어떤 생각을 했고, 그것을 어떻게 인생에 적용했는지를 다루고 있습니다. 그 과정에서 제가 20대 시절 스탠퍼드와 실리콘밸리에서 겪은 사건과 했던 생각을 집중 조명하는데요, 타지에서 자존감이 낮아져 괴로워하거나 삶의 의미를 고민할 때 철학이 든든한 친구이자 삶을 더 또렷하게 볼 수 있는 안경이 돼줬기 때문입니다.

아픈 경험이나 파격적인 생각을 용기 있게 철학으로 승화시킨 여러 철학자처럼 저도 지극히 개인적인 경험과 깊은 내면의 이야기를 솔직하게 풀어냈습니다. 아마도 이 책을 읽고 나면, 책에 소개된 철학자들은 물론이고 남연주라는 젊은 동시대 철학자와 친구가 된 것 같은 느낌을 받지 않을까 기대합니다.

다양한 철학자를 소개하는 것을 넘어서 현실에서 유용한 조언도 많이 담았습니다. 특히 사회생활을 하는 분들에게 도움이 될 만한 철학의 가르침을 소개합니다. 철학은 많은 이에게 뜬구름 잡는 소리 내지는 추상적인 말장난 정도로 여겨지지만, 사실은 살아 있는 학문입니다.

오늘날 실리콘밸리같이 첨단의 선두에 서 있는 곳에서도 몇백 년, 몇천 년 전에 쓰인 철학서를 끊임없이 읽고 그 안의 가르침을 현실에 적용합니다. 분야와 직업을 막론하고 인류를 깊이 이해하는 것이 곧 경쟁력이기 때문입니다.

이 책을 꼭 순서대로 읽을 필요는 없습니다. 차례를 보고 가장 끌리는 꼭지부터 봐도 됩니다. 그렇게 읽어나가다 보면 특별히 마음에 울림을 주는 꼭지가 있을 것입니다. 그 꼭지에 나오는 철학자를 더 알고 싶어지고, 그 철학자의 글을 직접 읽고 싶어질 것입니다. 그 마음이 바로, 타오르기 시작한 철학에 대한 열정이므로 사그라들게 내버려두지 말고 꼭 행동으로 옮기길 바랍니다.

읽다 보면 이 책이 철학을 해석하고 적용하는 방식에 의문이 들거나 동의하지 않을 수도 있습니다. 그렇다면 저는 오히려 성공한 것입니다. 철학은 근본적으로 답을 가르쳐주는 학문이 아니라 끊임없이 질문하게 하는 학문입니다.

마지막으로 이 책에 나오는 철학서를 읽는 방법과 이 책에서는 본격적으로 다루지 않지만 함께 읽으면 좋은 책은 필요한 경우 꼭지의 말미에 따로 표시해뒀습니다. 이 책이 스스로 철학자의 책을 찾아 읽고 비판적으로 사유하며 당신의 삶에 나름대로 철학을 적용하게끔 돕는다면 정말 기쁠 것입니다. 그렇게 하나둘씩 철학하는 습관을 가진 사람이 늘어난다면 더 나은 세상이 되리라고 확신합니다.

그럼, 즐겁게 철학하기를 바랍니다.

차례

프롤로그 철학이 습관이 될 수 있다면 6

Part 1. 더 나은 내가 되고 싶을 때 필요한 철학

Chapter 1. 약점을 발전으로 이끄는 법_
아우구스티누스의 《고백록》 14

Chapter 2. 나만의 정답을 찾는 법_
사르트르의 실존주의 30

Chapter 3 비판적 사고로 혁신을 이끌어내는 법_
데카르트의 《제1철학에 관한 성찰》 44

Chpater 4. 객체 아닌 주체로 살아가는 법_
보부아르의 《제2의 성》 58

Chapter 5. 내 삶의 의미를 찾아가는 법_
울프의 의미 있는 삶 74

Part 2. 타인과의 관계에서
중심을 잃지 않고 싶을 때 필요한 철학

Chapter 6. 질투와 이별하는 법_
니체의 《도덕의 계보》 90

Chapter 7. 악마 같은 직장 상사 이해하는 법_
아렌트의 악의 평범성 106

Chapter 8.   회사에서 언어게임 승자 되는 법_
             비트겐슈타인의 언어게임   122

Chapter 9.   상대의 무지를 대화로 깨우치는 법_
             소크라테스의 대화법   134

Chapter 10. 리더로서 사랑받으려 애쓰지 않는 법_
             마키아벨리의《군주론》   148

Part 3.   새로운 세상을 보고 싶을 때 필요한 철학

Chapter 11. 인공지능 시대에 발맞추는 법_
             설의 중국어 방 사고실험   164

Chapter 12. 일에서 오는 '소외' 인지하는 법_
             마르크스의《경제학-철학수고》   180

Chapter 13. 나와 다른 의견을 바라보는 법_
             밀의《자유론》   194

Chapter 14. 내 영향력 과소평가하지 않는 법_
             글로버의 가분성 원칙   208

Chapter 15. 어렵게 번 만큼 의미 있게 쓰는 법_
             싱어의 연못 사고실험   222

에필로그   이 책이 철학하는 습관의 불씨가 돼주기를   238

Part 1.

더 나은 내가

되고 싶을 때

필요한 철학

✕

✕

✕

Chapter 1.

약점을 발전으로
이끄는 법

―――――――――――――――――――――

아우구스티누스의 《고백록》

아우구스티누스는 왜 굳이 추악함을 마주하고 드러내려고 했을까?
자아 성찰의 목적은 자신을 다그치는 데 있는 것이 아니라 자신이
원하는 방향으로 나아가는 데 있다. 그 달콤한 목적을 달성하기 위
해 씁쓸한 기억이라도 다시 끄집어내 관찰하는 것이다.

성자 아우구스티누스가
타락한 존재였다고?

아우렐리우스 아우구스티누스Aurelius Augustinus가 쓴 철학서이자 신학서인《고백록Confessiones》제2권은 다음과 같이 시작한다.

> 저는 이제 제 과거의 더러움 그리고 성욕으로 타락했던 제 영혼에 대해 생각해보고자 합니다. 제 과거를 사랑해서가 아니라 내 주님, 당신을 사랑하기 위해서입니다. 당신의 사랑을 사랑하기에 저는 씁쓸한 기억 속 제 가장 사악한 행동을 돌아봅니다. 당신이 제 안에서 달콤하게 자랄 수 있도록.

가톨릭교 성자였던 아우구스티누스가 스스로 타락했으며 사악한 존재라고 일컫는다. 32세부터 자기 인생을 신에게 바친 양반이 더러우면 얼마나 더러운 삶을 살았다고 그러는 것일까?

뭐, 판단은 어디까지나 상대적이겠지만 완전무결하지는 않았다고 하자. 4세기경 지금의 알제리에서 자란 아우구스티누스는 이팔청춘 16세부터 성적 쾌락에 푹 빠져버렸다. 충동적으로 섹스를 즐겼던 그는 한 매춘부를 임신시키기도 했다. 보다 못한 아우구스티누스의 부모님이 그를 어떤 여성과 약혼시키자 함께 아이를 가진 매춘부와는 헤어졌지만, 곧 또 다른 매춘부를 들여 파혼을 맞았다.

하지만 아우구스티누스의 섹스 라이프보다 더 흥미로운 것은 과거의 '더러움'을 적극적으로 돌아보려는 자세다. 아우구스티누스는 왜 굳이 자신의 추악함을 마주하고 글로 적어 드러내려고 했을까?

그 답으로《고백록》에서 아우구스티누스는 종교인으로서 '신을 사랑하고 신이 내 안에 자라게 하기 위해서'라고 이야기한다. 여기서 신을 '내가 지향하는 가치' 정도로 이해해 우리 모두의 삶에 적용할 수 있을 것이다. 자아 성찰의 목적은 자신을 다그치거나 자존감을 낮추는 데 있는 것이 아니라 내가 정말 원하는 방향으로 삶을 이끌어 나아가는 데 있다. 그 달콤한 목적을 달성하기 위해 비록 씁쓸한 기억일지라도 다시 끄집어내 자세히 관찰하는 것이다.

아우구스티누스의 철학적 자아 성찰법을 구체적으로 살펴보기 전에 이와 관련한 쓸쓸하면서도 달콤한 기억을 잠깐 이야기하고자 한다.

실리콘밸리 첫 직장에서
큰 실수를 해버리다

스탠퍼드대학교가 자랑으로 여기는 인문학 프로그램 슬리Structured Liberal Education, SLE는 소수의 1학년에게 1년간 인문학을 집중적으로 가르치는 과정이다. 스탠퍼드에 입학하는 것만으로도 어마어마한 경쟁률을 뚫어야 하는데 슬리를 수강하려면 입학 전에 또 한 번 시험을 치러야 한다. 슬리를 성공적으로 이수한 졸업반 학생에게는 슬리의 작문 튜터로 활동할 기회가 주어진다.

나 역시 슬리를 이수했고 뿌듯한 마음으로 작문 튜터가 됐다. 취업 비자를 제출하고 고용주인 스탠퍼드로부터 정기적으로 급여를 받았으니 내 실리콘밸리의 첫 직업이라고 할 수 있겠다.

피터는 내가 작문 튜터로서 담당한 첫 학생이었다. 인문학에 큰 열정을 가진 피터는 현재 옥스퍼드에서 인문학 박사 과정을 밟고 있다.

피터를 가르치는 것은 큰 도전이었다. 그의 작문 실력이 아주 뛰어났기 때문이다. 피터는 항상 내 의견을 경청하고 조언에 잘 따랐다. 하지만 그것이 정말 내 가르침에 동의해서였는지 아니면 매너가 좋아서였는지 지금도 미스터리다. 피터는 슬리에서 손꼽히는 인재였기에 나는 가끔 왜 내가 피터에게 배정됐는지 의아해했다. 내심 혹시 피터가 다른 작문 튜터를 원하는 것은 아닐까 하는 자격지심을 갖고 수업에 임했다.

슬리 작문 튜터는 담당 학생의 작문 과제를 브레인스토밍부터 최종 제출까지 각 단계에서 세심히 도와줘야 한다. 이 모든 과정의 종착역은 교수님과의 삼자대면이다. 교수님이 학생의 최종 논문을 보며 비평하는 시간으로 튜터는 옆에서 함께 의견을 내며 교수님과 학생이 원활하게 소통하도록 도와야 한다.

피터와 교수님과의 면담은 별 탈 없이 진행됐다. 하지만 사건은 꼭 끝에 가서야 일어나는 법. 면담의 마지막에 교수님이 피터의 논문에서 한 부분을 지적했다. 나는 단번에 그 부분이 내가 고치라고 조언했던 부분이라는 것을 알아챘다.

그 짧은 순간 내 머릿속에서는 여러 생각이 꼬리에 꼬리를 물고 지나갔다. '역시 교수님은 나와 생각이 같네. 그나저나 피터는 이 부분을 왜 안 고쳤지? 교수님이 내가 이런 문제도 미리 짚어내지 못했다고 생각한다면 억울해서 어쩐담? 어떻게 오해를 풀지?'

"맞아요, 교수님. 저도 피터에게 이 부분을 꼭 고치라고 했거든요….."

세 명으로도 꽉 채워진 좁은 오피스에 자신감 없는 내 목소리가 다급하게 울려 퍼지고 잠시 정적이 흘렀다.

조용한 오피스에서 당황한 내 숨소리만이 유난히 크게 들렸다. 나를 야단맞은 강아지 같은 눈빛으로 쳐다보는 피터가 눈에 들어왔다. 그 순간 내가 실수를 했다는 것을 알아챘다. 그리고 번뜩 3년 전 내 작문 튜터였던 섀런이 생각났다.

첫날부터
튜터와 싸운 신입생

나의 첫 작문 튜터는 영문학을 전공하는 새런이었다. 새런은 날카로운 눈매를 감추기라도 하듯 항상 동그란 안경에 눈웃음을 짓고 다니는 친절한 선배였기에 그를 배정받고 꽤 마음이 놓였다.

새런과의 첫 일대일 미팅은 간단한 소개와 함께 내가 특별한 지침 없이 써온 에세이에 대해 의견을 나누는 자리였다. 그런데 예상하지 못한 상황이 벌어졌다. 새런이 언성을 높이며 짜증을 낸 것이다!

사건의 배경은 이렇다. 나는 스탠퍼드에 입학하기 전에 동부 명문 보딩스쿨을 다녔다. 원래 대학에 가면 영문학을 전공하려고 했을 정도로 읽고 쓰는 것을 좋아했다. 당시 나는 나름대로 스탠퍼드에 오기 전까지 받은 교육과 작문 실력에 자부심이 있었다.

그래서 새런이 내 에세이에 관해 이런저런 피드백을 주자 '고등학교 때는 그렇게 배웠기 때문에 그것이 좋은 방향인 줄 알았다'라는 식의 말을 여러 번 했다. 섀런은 내 이야기를 듣다 "왜 고등학교 이야기를 하는 거야? 여기는 대학이야!" 하고 그야말로 '성질'을 내버렸다.

그날 우리가 미팅을 어떻게 끝냈는지는 전혀 기억이 나지 않는다. 다만 내가 정말 크게 당황했고 무엇을 잘못했는지 고민하며 초조해했다는 것만은 확실하다.

다음 미팅 날이 되기 전 나는 섀런에게 장문의 이메일을 받았다. 떨리는 마음으로 열어본 메일은 내가 예상한 것과 달리 세심하고 정성 어린 사과를 담고 있었다. 아직도 그 내용이 또렷하게 기억난다.

> 작가는 현재만을 비추는 것이 아니라 과거 읽고 배우고 써왔던 모든 경험을 토대로 만들어지는 것인데 내가 네 과거는 무시하고 현재에만 집중하라고 해버렸어. 그건 명백한 내 실수야. 네 과거는 우리 둘 다에게 소중한 자산이고, 앞으로도 그것을 절대 잃지 않길 바라.

이 메일을 받은 뒤 나는 섀런을 인격적으로 존경하게 됐다. 사실 우리는 몇 달 뒤면 서로 볼 일도 없는 사이였다. 나를 도와주는 입장이었던 섀런이 내게 사과를 하지 않는다고 아쉬울 일은 없었다. 그런데도 아무런 자존심을 내세우지 않고 자신의 잘못을 인정하는 모습에 나는 큰 충격과 감동을 받았다. 단순히 '화내서 미안했다'를 넘어서 자신의 행동이 남긴 영향에 대한 깊은 사유가 메일에 여실히 드러났기에 특히 인상적이었다.

나는 섀런의 메일에서 아우구스티누스의 잔상을 봤다. 섀런도 《고백록》을 읽었다는 것을 알고 있었기에 더더욱 그랬다.

피터와 교수님과의
삼자대면으로 돌아와서

피터와 교수님과의 삼자대면 상황으로 다시 돌아와보자. 그 자리에서 나는 방금 일어난 일에 대해 아무 말 하지 않고 조용히 넘어가도 별일은 없을 것이라는 생각이 들었다. 피터에게는 물론 피터의 교수님에게도 내가 좋은 인상을 남길 필요는 특별히 없었다.

그리고 솔직히 말해서 내가 뭘 그렇게 크게 잘못했나? 나는 사실을 말했을 뿐이다. 내가 피터에게 해당 부분을 고치라고 한 것은 사실이었고 어떤 이유에서인지는 모르겠지만 피터가 그 부분을 고치지 않은 것도 사실이었다. 그런데도 피터의 얼굴이 화끈거렸던 게 내 책임이라고 할 수 있을까?

하지만 그냥 넘어가자니 아우구스티누스와 섀런이 눈앞에 아른거렸다. 둘을 떠올리니 어떻게 행동해야 할지 정확히 알 수 있었다. 나는 감싸주고 격려해줘야 마땅한 학생을 내 체면을 지키기 위해 부끄럽게 만들었다. 교수님에게 가장 잘 보여야 할 사람은 내가 아닌 피터였다. 피터 나름의 이유가 있어 내 조언을 듣지 않았을 수도 있는데 나는 내 능력을 과시하고 싶어 내가 교수님과 같은 의견을 가졌다는 사실을 굳이 드러낸 것이다.

내가 취했어야 할 성숙한 행동은 우선 면담을 마무리한 뒤 피터에게 왜 그 부분을 고치지 않았는지 따로 묻는 것이었다. 결국 나는 상대적 약자를 배려하기보다는 자존심을 지키는 것을 더 중요하게 여긴 셈이다.

나는 절대 그런 사람으로 살아가고 싶지 않았다. 그러려면 아우구스티누스처럼 모른 척 넘어갈 수 있는 잘못일지라도 굳이 끄집어내 대면해야 한다는 것을 떠올렸다. 그래서 면담이 끝나고 교수님과 피터 앞에서 내가 실수했음을 밝히고 정중히 사과했다. 마음씨 착한 피터는 괜찮다고 손사래 치며 웃어 보였다.

내가 정확하게 뭐라고 사과했는지는 솔직히 기억이 나지 않는다. 하지만 이 경험 자체는 뇌리에 깊이 박혀 내 일부가 됐다. 이런 성찰의 시간이 쌓여 남을 진심으로 위하는 말인지 아니면 나를 자랑하고 싶어서 하는 말인지 고민한 뒤 말하는 습관이 만들어졌다. 앞으로도 자존심과 양심이 싸우는 순간을 계속 만나겠지만 그때마다 내 안의 양심이 나를 자아 성찰로 이끌기를 바란다. 이렇게 약점에 성찰을 더하면 충분히 발전을 이끌어낼 수 있다.

이쯤 되면 슬리 작문 튜터는 담당 학생에게 사과하는 것이 전통인가 싶기도 할 것이다. 언젠가 피터와 연락이 닿게 된다면 꼭 물어보고 싶다. 혹시 너도 튜터를 하며 담당 학생에게 사과한 적 있느냐고, 또 그때 나와 아우구스티누스가 생각났었느냐고.

아우구스티누스의
철학적 자아 성찰법

비단 슬리 작문 튜터만 이런 실수를 하는 것은 아니다. 사회생활을 하다 보면 여러 가지로 실수도 하고, 누구의 잘못인지 가려내기 애매한 일을 마주하기도 할 것이다. 그럴 때 아우구스티누스가 《고백록》에 기록했듯 자기만의 고백록을 만들어 자아 성찰을 해보는 것은 어떨까? 나와 함께할 독자를 위해 아우구스티누스식 자아 성찰법의 핵심 질문 세 가지를 소개하겠다.

첫 번째 질문은 '나는 어떻게 행동했는가?'다. 자신의 행동을 있는 그대로 인정하는 것이다. 나는 사실 이 단계를 가장 어렵게 여기는데, 비판에 민감한 성향이기 때문이다.

내가 아우구스티누스였다면 '성적으로 잘못된 선택을 한 적이 있었지만 한창 호르몬이 기승을 부릴 나이였기에 이 정도는 이해할 수 있다. 평균보다 조금 더 활발했다고는 할 수 있겠다' 정도로 운을 떼지 않았을까? 그런데 아우구스티누스는 《고백록》에 다음과 같이 기록했다.

> 미친 듯한 정욕이 나의 주인이었으며, 나는 그에게 스스로를 온전히 넘겨줬다.

당연한 이야기지만 내 예시보다는 아우구스티누스의 방식을 따르는 것이 좋다. 사실 같은 행동을 둥글게 포장하든 직설적으로 표현하든 내가 기억하는 진실은 변하지 않는다. 그러니 이왕 반성하는 김에 나 자신에게 정직해지는 것이 좋지 않겠는가? 누군가 사과하러 와서는 자기 잘못을 최대한 괜찮아 보이게 변명한다면 진정성이 없다고 실망할 것이다. 나 자신과의 관계에서도 마찬가지다. 고백록을 쓸 때는 자존심을 내려놓고 솔직해지자.

두 번째 질문은 '내가 원했던 결과와 실제로 일어난 일은 무엇인가?'다. 우리 모두 잘못된 행동을 하면 안 된다는 것은 알고 있지 않은가? 그런 행동을 한 이유가 무엇인지 알아내는 것, 즉 행동에 담긴 자신의 의도를 파악하는 것은 자아 성찰에서 아주 중요한 과정이다.

아우구스티누스는 무작정 성욕을 억제했어야 한다고 하지 않는다. 대신 "사랑하고 사랑받기를 원했다"라고 털어놓았다. 그의 비뚤어진 성욕의 근원에 사랑에 대한 욕구가 있었다는 것을 알 수 있다.

또 자신의 행동이 원하는 결과를 가져다주지 않았다는 것을 정확하게 인지해야 한다. 아우구스티누스는 사랑을 찾겠다는 의도와는 달리 무분별한 성생활이 정욕과 사랑을 헷갈리게 만들었다고 고백했다. 이렇게 의도와 현실의 괴리를 인정해야 잘못된 행동을 고치려는 의지를 강화할 수 있다.

아우구스티누스식 자아 성찰법의 마지막 질문은 '어떻게 고칠 수 있는가?', 즉 '대안'을 찾는 것이다. 어떻게 하면 불만족스러운 자신의 모습을 원하는 방향으로 바꿀 수 있을지 고민하는 마무리 단계다. 이 단계는 앞선 두 단계를 거치다 보면 자연스럽게 이어진다. 아우구스티누스는 사랑을 여자와의 성행위에서가 아닌 신과의 관계에서 찾기로 결심했다.

자아 성찰을 통해 나는 남에게 인정받으려 하기보다는 스스로 내 능력의 가치를 찾기로 했다. 나에 관해 더 많이 알면 알수록 다른 사람에게 내 가치를 증명하려는 노력을 적게 하게 된다. 그러면 나를 과시하기보다 섀런처럼 남을 먼저 배려할 수 있을 것이다.

당신은 어떤가? 아우구스티누스처럼 씁쓸한 자아 성찰로 달콤한 발전을 경험할 준비가 돼 있는가?

아우구스티누스의 《고백록》을 읽고 싶다면…

아우구스티누스의 《고백록》 같은 고전을 읽을 때 그 안에 담긴 모든 어려운 철학적 주제를 이해하려고 들 필요는 없다. 하지만 요약본만 보고 지나가는 것보다 전문을 읽는 것이 확실히 좋다. 문장 하나하나에서 작가의 고민을 느낄 수 있기 때문이다. 《고백록》에 나타난 아우구스티누스의 죄와의 싸움이 내 내면에 깊이 박히고 삶의 길잡이가 돼준 이유도 읽는 과정에서 그의 고민에 공감하고 감동했기 때문이다.

만약 《고백록》을 다 읽는 것이 부담스럽다면 제2권과 제8권부터 시작하기를 권장한다.

제2권에서는 아우구스티누스의 성찰을 직접적으로 엿볼 수 있다. 성욕에 관한 것은 물론이고 나쁜 짓을 하고 싶어 배 서리를 했던 경험에 대한 고백도 재미있으니 꼭 한 번 읽어보라.

제8권은 《고백록》에서 가장 유명하다고 할 수 있는 '정원에서의 개종' 장면이 담겨 있다. 아우구스티누스가 오랜 고민을 끝내고 신에게 인생을 바치게 된 계기를 자세히 알 수 있어 흥미롭다.

Chapter 2

나만의
정답을 찾는 법

사르트르의 실존주의

많은 철학자와 달리 사르트르는 인간이 목적이나 본질이 정해진 채로 태어나는 것이 아니라고 생각했다. 그에 따르면 인간은 생명으로 존재하게 된 뒤에 자기 의지대로 어떤 사람이 될 것인지 정하게 된다. 즉, 자신의 본질을 만들어가는 것이다.

문과와 이과
둘 다라면?

전공을 정해서 입학하는 한국 대학과는 달리, 미국 대학은 대부분 입학한 뒤 전공을 결정한다. 스탠퍼드에도 의사가 되려고 왔는데 컴퓨터공학자가 되거나 공학을 공부하려다가 디자이너가 된 사례가 넘쳐난다.

그렇다고 해서 신입생들이 아무것도 모르는 것은 아니다. 좋아하는 과목이나 자신의 성향 정도는 다들 알고 있다. 한국에서 이과, 문과를 나누듯이 스탠퍼드에서는 테키techie, 퍼지fuzzy를 나눈다. 공식 용어는 아니고 학생들끼리의 은어지만 뭐든지 테크니컬하게 생각하는 이과와 부드럽게 생각하는 문과의 성향을 잘 나타낸 표현이다.

물론 나처럼 이과, 문과 성향을 둘 다 가진 친구들도 많다. 나는 신입생 때 물리학 전공과 영문학 전공을 동시에 고려했는데, 나 같은 사람을 '퍼키fuchie'(퍼지와 테키의 복합어)라고 불렀다. 언뜻 들으면 F로 시작하는 욕 같다고? 맞다. 우리도 그 단어를 말할 때마다 짓궂게 킥킥댔다.

하여튼 퍼키인 나는 인문학과 공학, 경제학 수업까지 골고루 들었다. 하고 싶은 공부를 하라고 전적으로 격려해주는 부모님 덕분에 나는 의대나 법대 등 명확한 목적지가 있었던 친구들과 달리 딱히 어떤 직업을 가져야 한다거나 특정 대학원에 가야 한다는 생각은 하지 않고 대학교에 왔다. 그런데 공부를 하면 할수록 미궁에 빠져들었다.

어려운 결정을 하는 구체적인 방법

매일 고민만 하다가 이래서는 공부에 너무 방향성이 없겠다는 생각에 내가 가장 존경하는 멘토였던 고등학교 라틴어 선생님에게 전화를 걸었다. 지금은 고인이 된 리처드 콥 선생님은 내가 태프트고등학교를 다닐 당시 학교에서 가장 연장자였다. 학생들은 물론 선생님들도 찾아가 조언을 구할 정도로 지혜로운 분이기도 했다. 나는 콥 선생님이 전화를 받자마자 큰 소리로 외쳤다.

"콥 선생님! 저 어떻게 해요. 전공을 대여섯 가지 중에서 못 고르겠어요. 어떤 전공을 골라야 제게 가장 잘 맞을까요? 선생님은 3년이나 저를 멘토링하셨으니 잘 아시겠죠?"

콥 선생님은 항상 그렇듯 먼저 내게 진정하라고 말하며 웃었다. 그리고 "네가 어떻게 해야 할지 나는 정확히 알고 있단다"라고 단언했다. 콥 선생님의 자신감에 근거가 없을 리 없다는 생각에 나는 잔뜩 흥분해 당장 답을 알려달라고 재촉했다. 선생님이 이렇게 말했다.

"메모지에 네가 생각하는 전공 중 하나를 적어. 다른 메모지에는 다음 전공을 적어. 그렇게 메모지 하나에 전공 하나씩을 다 적는 거야. 그리고… 모자에 넣고 섞은 뒤 눈 감고 하나를 뽑으렴!"

이야기를 듣고 김이 팍 샜다. 콥 선생님에게 이렇게 실망한 적은 처음이었다. 참을성이 없는 편인 나는 "네? 그건 그냥 제비뽑기잖아요. 지금 이렇게 중요한 결정을 운에 맡기라고요?"라고 항의했다. 그러자 콥 선생님이 기다렸다는 듯이 대답했다.

"아니, 제비뽑기와는 달라. 뽑고 나서 마음에 들지 않으면 다시 뽑을 수 있어. 그리고 다시 뽑고 싶지 않을 때까지 계속 뽑는 거야. 다시 뽑고 싶지 않을 때 네 손에 들린 종이, 거기에 해답이 있단다."

신입생 시절의 나는 꽤 어리석었기 때문에 콥 선생님의 조언이 결국은 내가 하고 싶은 것을 하라는 말이라고 생각했다. 물론 그 해석도 틀린 것은 아니지만, 철학을 공부한 지금의 나는 그때 그 조언을 떠올리며 콥 선생님의 지혜에 다시금 감탄한다.

대여섯 가지 선택지를 동시에 바라보며 내게 원하는 것을 뽑을 자유가 있는 것과 내게 주어진 한 가지 선택지를 거부할 권리가 있는 것은 명확히 다르다. 모자에서 종이 하나를 뽑을 때 그 종이를 뽑는 신체는 내 것일지 몰라도 결정 주체는 '운', 즉 외부 요인이다. 그리고 운명이 내게 정해준 결과를 처음 마주하면 본능적으로 그 결과에 반대할 근거를 찾게 된다. 이런 반발심이 가장 적게 드는 종이를 뽑아 그 선택지에 따르기로 결정할 때 역설적으로 가장 주체적인 결정을 하게 된다.

콥 선생님식 제비뽑기의 또 다른 교훈은 인생에 정답은 없다는 것이다. 진로나 미래에 관해 어려운 결정을 내릴 때

불안한 이유는 정답이 있다고 전제하기 때문이다. 인생에 정답이 이미 정해져 있고 내 선택에 따라 틀리냐 맞느냐가 좌우된다고 생각하면 얼마나 무서운가?

더 무서운 것은 (선택지가 두 가지라고 가정할 때) 두 선택지가 똑같이 좋아 보일 때다. 한쪽으로 기울면 선택이 쉽겠지만 두 가지가 똑같아 계속 갈팡질팡하는 상황이라면 어떨까?

현대 철학자 루스 창Ruth Chang은 이에 관해 재미있는 주장을 펼쳤다. 만약 두 가지 선택지가 정말 똑같이 좋다면 둘 중 한쪽에 50만 원의 혜택이 더해졌을 때 마음이 확실히 그쪽으로 기울어야 한다. 한쪽은 여전히 x인데 다른 한쪽은 갑자기 (x+50만 원)이 됐으니 말이다. 하지만 현실은 그렇지 않다. 음악가가 될지 공무원이 될지 고민할 때 공무원 월급이 50만 원 인상된다고 가정해도 고민의 크기는 달라지지 않을 것이다. 이 말은 결국 두 선택지는 처음부터 똑같이 좋지 않았으며 둘 중 더 나은 선택지도 정해져 있지 않았다는 뜻이다.

창은 우리가 진로나 미래를 결정할 때 숫자로 딱 떨어지는 가치가 아니라 돈으로 환산할 수 없는 가치, 예컨대 정의, 아름다움, 친절함 같은 가치를 비교한다고 말한다. 그렇기에 애초에 선택지끼리 비교하는 것은 불가능하다.

따라서 정해진 답을 찾기보다 스스로 답을 정해야 한다. '정의'라는 가치가 높은 선택지 A와 '여유'라는 가치가 높은 선택지 B 중 하나를 결정할 때 우리는 특정 선택지와 연관된 가치를 선택하는 사람이 된다는 점을 스스로 인지해야 한다. 그렇게 의지적인 선택을 함으로써 원하는 모습이 돼가는 것이다.

사르트르의
실존주의

정해진 답을 좇기보다 답을 정해가며 사는 삶은 1905년 프랑스 파리에서 태어난 철학자 장 폴 사르트르Jean Paul Sartre의 실존주의와 맞닿아 있다.

하루는 사르트르의 제자가 사르트르를 찾아와 조언을 구했다. 제자의 부모님은 사이가 좋지 않았으며 형은 독일

군의 습격으로 사망했다. 제자의 어머니는 남편과 헤어지고 자식 하나도 세상을 떠나자 사르트르의 제자와 함께 살았다. 그리고 그에게서 삶의 의미를 찾았다.

제자는 자신이 어머니를 떠나면 어머니가 절망할 것을 알았지만 한편으로는 형의 죽음을 복수하러 프랑스군에 입대하고 싶었다. 입대하면 그는 위험에 처하게 될 수도, 의미 없는 사무직을 맡을 수도 있었다. 제자는 어머니에게 줄 수 있는 확실한 행복과 국가에 대한 불확실한 기여 사이에서 고민했다.

사르트르는 제자에게 그를 이끌어줄 사상 따위는 없다고 조언했다. 기독교 교리를 따르자니 "형제를 사랑하라"에서 말하는 '형제'가 자기 어머니를 뜻하는 것인지, 자국의 군인을 뜻하는 것인지 알 길이 없었다.

그렇다고 임마누엘 칸트Immanuel Kant의 윤리를 따라 사람을 도구로 삼지 않는 것에 초점을 맞춰도 딜레마가 생겼다. 어머니 곁에 있으면 자기 대신 싸우는 사람들을 도구 삼는 것이 되고, 싸우러 간다면 어머니를 도구 삼는 격이 됐다. 따라서 사르트르가 해줄 수 있는 조언은 이것뿐이었다.

당신은 선택할 자유가 있으니 선택하라. 그 말인즉
슨 만들어가라invent.

여기서 '만들어가라'는 무슨 말일까? 이는 앞서 말한 창
의 철학과도 비슷하다. 실존주의는 만들어진 대로 사는 것
이 아니라 자신을 만들어가며 사는 철학이다. 한 문장으로
정의하자면 "존재는 본질보다 앞선다."

목수가 도구를 만드는 과정을 떠올려보자. 나무를 깎기
전 어떤 도구를 만들지를 미리 정하고 도구의 본질에 맞춰
서 나무를 조각해 완성한다. 이 도구는 완성되기 전부터 그
목적 혹은 본질이 결정된 것이다. 본질이 존재보다 앞서는
경우다. 역사적으로 많은 철학자가 신이 인간을 만드는 과
정도 이와 비슷하다고 생각했다. 사람은 존재하기도 전에
그 본질이 결정된다는 것이다.

하지만 사르트르는 그 반대라고 주장했다. 사르트르에
따르면 인간은 목적이나 본질이 정해진 채로 태어나는 것
이 아니고 생명으로 존재하게 된 뒤 자기 의지에 따라 어떤
사람이 될지 스스로 정한다. 즉, 자신의 본질을 만들어간다
는 뜻이다.

나의 본질을
만들어가는 과정

전공을 정하지 못해 안절부절못하던 신입생 시절처럼, 사르트르의 실존주의를 공부하고 깊이 사유하기 전까지 나는 내 본질이 정해져 있다고 믿었다. 가장 행복한 삶은 이미 정해져 있으니 빨리 그것에 도달할 정답을 찾으려고 전전긍긍했다. 그런데 살아보니 인생은 그렇지 않았다.

초등학생 때 〈프린세스 메이커Princess Maker〉라는 PC 게임을 자주 했다. 이 게임은 선풍적인 인기를 끌어 5편까지 나왔는데 나는 그중 3편을 가장 좋아했다. 3편은 열 살짜리 딸을 입양해 그 아이의 일거수일투족을 계획하는 게임이었다. 한정된 재산 범위 내에서 공부를 시킬지, 선물을 사 줄지, 휴가를 보낼지 등 딸에 관한 모든 것을 선택할 수 있었다. 왕자를 비롯한 여러 NPC와 딸이 대화하는 이벤트가 종종 등장했는데 플레이어가 고른 답변에 따라 딸의 미래가 영향을 받았다. 정교하게 만들어진 게임이었다.

〈프린세스 메이커〉는 그 이름답게 공주를 만드는 게임

으로, 딸을 공주로 키우려면 정말 한 치의 오차도 없이 그에 필요한 정확한 능력치를 달성해야 했다. 그 능력치를 키우는 방법도 한정적이었는데, 몇 살까지는 무슨 아르바이트, 몇 살까지는 무슨 수업, 몇 살에는 무슨 옷을 입고 왕궁 방문 같은 식이었다. 마음대로 플레이하면 안 되고 공주를 만들겠다는 일념 하나로 게임을 진행해야 제대로 된 엔딩을 볼 수 있었다. 중간에 '잘못된' 선택을 하나라도 한다면 공주 만들기는 글러 먹었다고 해도 과언이 아니었다. 나도 인터넷에서 찾은 공략을 하나하나 따라 해 결국 공주를 만들었다.

그런데 나는 한 번 공주 엔딩을 보고 나서도 〈프린세스 메이커〉를 자주 다시 플레이했다. 이미 깬 게임을 또 플레이하는 경우는 드문데 말이다. 왜일까? 지금 생각하면 공주를 만든다는 목적을 달성하는 것보다는 선택 하나하나로 딸의 인생을 바꾸는 과정 자체를 즐겁게 여겼던 것 같다. 백지상태의 딸을 다양한 모습으로 육성하는 이 게임이야말로 지금 보면 꽤 실존주의적이다.

내 삶도 어떻게 보면 〈프린세스 메이커〉를 플레이할 때의 마음으로 살아가는 것 같다. 공주를 만드는 데 온 신경을 집중하는 것이 아니라 내가 원하는 선택을 하며 대체 어떤 엔딩에 도달할지 설레는 마음 말이다. 나는 한국에서 외국어고등학교를 다니다가 미국으로 유학을 갔다. 스탠퍼드에서 철학, 경제학, 언어학, 심리학을 아우르는 학부 전공을 공부하고 철학 석사를 취득했다. 이후 로스쿨 진학을 계획하며 법·경제 컨설팅 회사에서 일하다 로스쿨에 가고 싶지 않고 한국에 살고 싶다는 생각이 들었다.

그때 나는 어떤 선택이 옳은 선택인지보다는 내가 만들어나가는 본질에 대해 생각했다. 내가 공주를 만들고자 했다면 퇴사를 하지 않았을 수도 있지만 나는 공주보다는 '연주'를 만들고자 했다(라임이 멋지지 않은가?).

그래서 나는 한국에 돌아왔다. 이 책을 쓰는 지금은 내게 철학 박사 과정을 밟으라고 적극 권유하는 스탠퍼드 교수님과 화상 미팅을 할 예정이다. 어떤 결정을 하게 되더라도 그 선택은 온전히 내 몫일 것이다. 옳은 선택이 없으니 틀린 선택도 없고 따라서 인생에 점수를 매길 수 없다는 것을 잘 알고 있기에 두려움은 없다.

경험이라는 점을
연결해나가기

스티브 잡스Steve Jobs의 유명한 스탠퍼드 졸업 연설이 있다. 잡스는 연설에서 캘리그래피를 공부했던 시절을 회상하며, '당시에는 전혀 실용적으로 보이지 않았던 공부가 10년 뒤 맥 컴퓨터를 디자인하는 데 사용됐다'고 이야기했다. 그러면서 '시간이 지나면 과거 경험들이 점이 되고 직선으로 이어진다connecting the dots', 즉 관련성이 찾아진다고 말했다.

하지만 잡스는 '이미 찍힌 점만 이을 수 있지, 앞으로 찍을 점들은 미리 이을 수 없다'고 덧붙였다. 그러니 '지금 찍고 있는 점들이 미래에 이어질 것이라고 믿는 수밖에 없다'고도 이야기했다.

이 연설이 많은 사람에게 용기와 감동을 준 데는 이유가 있다. 회사든, 업무 분야든, 직업이든 자신을 하나의 틀에 가두기보다는 다양한 가능성을 열어두는 것이 중요하다는 교훈을 주기 때문이다. 실제로 실리콘밸리에는 이직은 물론이고 직업을 바꾸는 사례가 비일비재하다. A라는 일을 해오다가 갑자기 B라는 일을 하면 지금까지 쌓아온 경력이 아깝지 않은지 물을 수 있겠지만, 오히려 과거 경험이 특이할수록 참신한 관점과 스킬을 가졌다는 점에서 그것을 플러스 요인으로 여기는 회사가 많다.

앞으로 더 많은 사람이 다양한 답을 선택했으면 좋겠다. 나도 미래의 내가 현재의 나와 같을 필요는 없다는 것을 인지하고, 더 열심히 점을 찍으며 나의 본질을 만들어 나아가야겠다.

Chapter 3.

비판적 사고로
혁신을 이끌어내는 법

데카르트의 《제1철학에 관한 성찰》

데카르트는 깊은 철학적 분석과 이성적 증명을 거쳐 결국 외부 세계는 물리적으로 존재한다는 결론에 도달하는 데 성공했다. 이성적으로 사유하면 세상 어떤 것에 관해서라도 의문을 해결하고 진정한 지식을 획득할 수 있다는 것을 몸소 보여줬다.

틸 선배님의
질문

일론 머스크Elon Musk와 페이팔Paypal을 공동 창립하고, 현재 팔란티어 테크놀로지스Palantir Technologies의 회장인 피터 틸Peter Thiel은 나의 스탠퍼드 철학과 선배님이다. 학교를 다닐 때 벤처 캐피털Venture Capital, VC에 관한 강의에서 직접 본 적이 있는데 한 단어 한 단어를 꾹꾹 눌러 강조하는 어투가 인상적이었다.

강의에서 틸은 '경쟁자가 있다는 것은 자기 사업 아이템의 성공 가능성이 크다는 뜻이라고 생각하지만 사실 경쟁자 없이 시장을 독점해서 성공하는 것도 충분히 가능하다'라고 이야기했다. 그 말이 어찌나 설득력 있던지 나는 바로 그의 책《제로 투 원Zero to One》을 찾아 읽었다.《제로 투 원》은 스타트업에 관한 내용을 주로 다루고 있지만 나는 그 책에서 철학 냄새가 물씬 풍긴다고 느꼈다.

책에서 틸은 인터뷰할 때 다음과 같은 질문을 꼭 한다고 밝혔다.

거의 모든 사람이 동의하지 않지만 당신은 진실이
라고 믿는 것은 무엇인가?

틸의 질문에 꼭 사업이나 커리어와 관련된 대답을 할 필
요는 없다. 그야말로 '민트 초콜릿은 맛있다' 같은 문장도
답이 될 수 있다.

민트 초콜릿 이야기가 나왔으니 말인데, 이 대답의 문제
점은 무엇일까? 그건 바로 '민초파'가 세상에 생각보다 꽤
많다는 것이다. 틸은 거의 모든 사람이 동의하지 않는 진실
을 원하는데 이는 생각보다 찾기 어렵다. 나만의 생각이라
고 여긴 것이 사실은 많은 사람의 생각일 가능성이 높다는
뜻이다.

틸의 질문에 제대로 된 대답을 하지 못하는 사람은 창의
적으로 혹은 비판적으로 생각해본 적이 거의 없을 확률이
높다. 반대로 거의 모든 사람이 당연하게 여기는 것을 습관
적으로 의심하는 사람은 틸의 질문에 내놓을 답변이 분명
히 있을 것이다. 틸은 의심하는 습관이 성공에 필요한 창의
성 및 혁신성과 깊은 관련이 있다고 믿었다.

의심병의 선구자
데카르트

틸의 질문이 철학적인 이유는 모두가 당연하게 여기는 것을 의심하는 자세가 철학자들의 종족 특성이기 때문이다. 대학생, 대학원생 시절 철학 수업 시간에 토론을 하면 교수님을 비롯해 교실에 있는 모두가 서로 그냥 넘어가는 법이 없었다. 한마디를 해도 그 한마디가 왜 맞는 말인지 납득될 때까지 가정을 파헤치고 반례를 생각해보는 사람들이 바로 철학자들이다. 그런데 이런 특성이 하루아침에 생겨났겠는가? 철학자들에게 의심 DNA를 심어준 여러 선배님이 계시지만 그중에서도 대왕은 아마도 르네 데카르트René Descartes일 것이다.

1596년 프랑스에서 태어나 근대 철학의 아버지로 불리는 데카르트는 경험적 지식을 중요시하던 아리스토텔레스Aristoteles의 학문적 전통을 깨고 사유를 중시하는 이성주의를 창시한 철학자다. 나는 데카르트의 대표 저서《제1철학에 관한 성찰Meditationes de prima philosophia》을 읽고 그의 천재적인 철학적 사고 과정은 물론 말기 의심병(?)에 반해버렸다. '내가 지금 깨어 있는지, 내가 보는 것이 진짜인지는 어떻게 알지?' 같은, 오늘날의 가상 현실 세계와도 맞닿아 있는 질문을 끊임없이 던지기 때문이다.

의심하는 사람을 그렇게나 좋아하다니 취향이 특이하다고 할 수도 있겠지만 사실 데카르트의 의심병에는 그럴 만한 배경이 있다. 데카르트는 아리스토텔레스의 가르침을 신봉했던 교회와, 새로운 발견을 해나가는 동시대 학자들 사이에서 어떤 것을 수용해야 할지 혼란스러워하는 대중을 위해《제1 철학에 관한 성찰》을 썼다. 그는 교회의 눈 밖에 나고 싶지는 않았지만 할 말은 하고 싶었기 때문에 이 책을 통해 어느 시대, 어느 곳에서 읽어도 적용할 수 있는 진정한 지식을 획득하는 과정을 보여줬다. 정보 혹은 지식을 취하고 버리는 잣대를 형성하는 과정을 알려주고자 한 것이다. 정보와 데이터가 범람하는 이 시대, 어떤 것을 어떤 기준에 따라 의심하고 믿어야 할지 헷갈리는 우리에게도 지침이 돼주는 책이다.

《제1철학에 관한 성찰》
맛보기

철학자를 만나면 이런 수수께끼를 하나 내보라. 데카르트와 컴퓨터 수리 기사의 공통점은? 정답은 '일단 다 껐다 켜본다.' 웃자고 하는 이야기지만 사실 맞는 말이다. 데카르트는 진정한 지식이 무엇인지를 가려내기 위해 일단 자기가 이미 진실이라고 여기는 모든 믿음을 버리고(끄고) 백지 상태로 돌아가 정말 확신할 수 있는 믿음만을 받아들이기로(켜기로) 하기 때문이다.

그가 가장 먼저 살펴보는 것은 감각으로 형성된 믿음이다. 내가 보고 듣고 느끼는 것은 모두 믿을 수 있을까? 당연히 상황에 따라 다를 것이다. 멀리 있는 사물이나 어두컴컴한 곳에서 느껴지는 물체는 내가 생각한 것과는 다를 수 있다. 하지만 감각적 인지에 아무런 장애물이 없는 상황이라면 어떨까? 예를 들어 당신이 지금 무엇을 하고 있는지 생각해보자. 이 책을 읽고 있다고? 그렇다면 종이책 혹은 이북 리더기가 앞에 놓여 있을 것이다. 당신의 관점에서 다른 것은 몰라도 이것만큼은 확신할 수 있지 않을까? 당신의 눈에는 책의 글자 하나하나가 보이고 손에는 부드러운 종이 또는 매끄러운 화면의 감촉이 분명히 느껴지니 말이다. 이쯤 되면 대부분 고개를 끄덕이고 넘어갈 것이다. 하지만 데카르트는 달랐다. "정말 확실한가?"라고 물은 것이다.

그는 의심병 말기 환자답게 바로 앞에 있는 사물이라도 감각으로 느끼는 모든 것은 믿을 수 없다는 의견을 내세운다. 그 이유인즉슨 내가 꿈을 꾸고 있는 것일 수도 있기 때문이다. 나 역시 지금 내가 컴퓨터 모니터를 보며 키보드를 두드리고 있다고 생각하지만 사실 나는 침대에 누워 침을 흘리고 있을 수도 있다. 지금 이 순간이 내게 아무리 생생하게 현실처럼 느껴진다고 해도 꿈을 꾸면서 똑같이 현실이라고 느낀 적이 있으므로 판단에 별반 도움이 되지는 않는다.

그렇다면 감각으로 느끼는 것 말고 오직 이성으로만 판단할 수 있는 것은? 예를 들어 1 더하기 1은 2라든지 내가 철수보다 크고 철수가 영희보다 크다면 내가 영희보다 크다든지 하는 것 말이다. 1 더하기 1은 꿈에서도 2고 현실에서도 2니 이것이야말로 내가 아는 것이 아닐까? 하지만 데카르트는 신이 자신을 속이는 것일 수 있으므로 이런 종류의 지식 역시 안다고 확언할 수 없다고 이야기했다. 신은 전지전능하니 자신을 속기 쉬운 존재로 만들 수도 있다고 말이다. 혀를 내두를 만한 의심 스킬이다. 그런데 자신의 의심을 의심해보니 '선한 신이 나를 속게 내버려둘 리가 있을까?' 하는 의문이 떠올랐다. 데카르트는 자신이 과거에 속은 적이 있다는 것을 기반으로 신이 이를 허락한다는 결론에 도달했다.

다음으로 데카르트는 이런저런 생각을 신이 그의 머릿속에 집어넣었다는 믿음을 분석한다. 이 믿음에 따르면 신이 존재한다는 것이 된다. 하지만 조금만 의심해보면 사실 신이 아니라 스스로 생각해낸 것일 가능성을 발견할 수 있다. 데카르트는 이 지점에서 자신의 존재에 대한 사유를 시작한다. '나는 존재한다'를 의심할 수 있을까? 내가 사실 존재하지 않는다고 생각하는 순간 그 생각을 하는 주체인 나는 존재하는 것이 돼버린다. 신이나 악마가 세상 모든 것에 관해 나를 속여 실제와는 다르게 생각하게 만들었다고 해도 속아서 다르게 생각하는 주체인 나는 존재한다는 결론을 내릴 수 있다.

내가 영원히 존재할 것이라거나 혹은 항상 존재해왔다는 말은 아니다. 다만 내가 생각을 하고 있을 때 나는 분명히 존재한다. 그 생각이 의심이든 믿음이든 말이다. 이렇게 해서 유명한 문장 "나는 생각한다. 고로 존재한다cogito ergo sum"는 항상 참인 믿음이라고 데카르트는 확신하게 된다. (많은 사람이 이 명언을 생각의 중요성에 관한 것, 즉 '내 존재의 의의는 생각하는 것에 있다'와 같은 뜻이라고 오해하는데, 사실은 말 그대로 생각하고 있기 때문에 존재한다는 것을 확신할 수 있다는 뜻이다. 참고로 "cogito ergo sum"이라는 문장은《제1 철학에 관한 성찰》이 아니라 데카르트의《방법서설Discours de la méthode》에 나온다.)

그래서 결국 데카르트가 자기 존재 외에 다른 것은 아무것도 알지 못한다고 결론지었느냐고 한다면 그건 아니다. 깊은 철학적 분석과 이성적 증명을 거쳐 결국 처음에 의심했던 외부 세계는 물리적으로 존재한다는 결론에 도달하는 데 성공한다.《제1 철학에 관한 성찰》에서 이 과정을 조금도 건너뛰지 않고 하나하나 보여주니 꼭 직접 읽어보기를 바란다. '어차피 나도 지금 다 알고 있는 결론에 도달하는데 왜 읽어야 하나?' 하는 생각이 들 수 있다. 하지만 그 당연한 결론 자체가 중요해서《제1 철학에 관한 성찰》을 썼다기보다 데카르트는 이성적으로 사유하면 세상 어떤 것에 관해서라도 의문을 해결하고 진정한 지식을 획득할 수 있다는 것을 몸소 보여줬다.

에어비앤비의 철학

데카르트가 보여준 것처럼 모든 것을 근본적으로 의심하고 사유를 통해 그 의심을 해결하려는 자세를 다른 말로 하면 '비판적 사고'다. 거창할 필요는 없고 모두가 당연하게 여기거나 자연스레 넘어가는 것을 다시 한번 의심해보자. 데카르트처럼 외부 세계의 존재 여부까지 의심하고 비판적으로 생각하는 것은 어려울 수 있어도 사실 비판적 사고를 할 기회는 아주 많다.

비판적 사고를 한다고 해서 꼭 남들과 다르게, 소위 '튀게'만 생각할 필요는 없다. 데카르트도 결국 외부 세상이 존재한다는 결론에 도달하지 않았는가? 다만 아무 생각 없이 감각으로 느껴지기 때문에, 또 남들도 다 그렇게 믿기 때문에 당연히 받아들이는 것과 데카르트처럼 의심과 사유를 통해 진정으로 납득하는 것에는 분명한 차이가 있다.

자기 의견에 확신이 있어 보이는 사람은 대부분 두 종류로 나눌 수 있다. 어디서 그렇게 들었기 때문에 맞겠거니 하는 '가짜 확신'을 가진 사람과 스스로 사유를 통해 일궈낸 '진짜 확신'을 가진 사람이다. 남들도 다 아는 것이라도 비판적 사고를 거쳐 진짜 확신으로 만들어본 경험이 쌓이면 이를 토대로 남들은 모르는 것을 발견하는 눈이 열리지 않을까?

2008년에 창립된 실리콘밸리의 스타트업 에어비앤비Airbnb가 좋은 예다. 에어비앤비가 처음 여행객에게 집을 빌려준다는 창업 아이디어를 소개했을 때 투자자들은 다들 도망가기 바빴다. 대체 호스트를 어떻게 믿고 투숙을 한단 말인가? 호스트가 집에 숨어 있다가 범죄라도 저지르면 어떻게 하나? 사업 초기 에어비앤비는 투자자들의 걱정대로 인기가 없었다. 이용자가 얼마나 적었는지 창업자가 직접 호스트를 찾아가 그들의 광고 포스팅 문구를 수정해줄 정도였다. 그랬던 에어비앤비가 지금은 10만 개가 넘는 도시에서 400만 명의 호스트가 활동하는 거대한 규모의 서비스가 됐다. 경쟁자가 아예 없는 것은 아니지만 에어비앤비는 숙박 공유 서비스의 고유명사로 쓰이며 점점 그 규모를 넓혀가고 있다.

애초에 모두가 에어비앤비의 사업 아이디어에 열광했다면 이 정도의 성장은 불가능했을 것이다. 혁신은 남들이 다 하고 싶어 하고 이미 성공이 예측되는 시장에서 일어나는 것이 아니라 남들은 당연하다고 간과하는 틈새시장에서 나온다는 틸의 주장을 증명하는 사례인 셈이다. "사람들이 생판 모르는 남의 집에 머무는 것은 꺼리겠지"라고 누군가 말할 때 반사적으로 해당 발언을 옹호하는 근거들만 떠올리며 "맞아"라고 답하기보다는 "왜 그렇지? 과연 그럴까?" 하고 한 번 더 의심하고 차근차근 되짚어본 창업자들이 있었기 때문에 에어비앤비가 탄생한 것 아닐까?

비판적이고 창의적으로 사고하는 습관은 근육 같아서 계속 키워나가면 누구와 대화를 하든 자연스럽게 드러난다. 헬스를 하는 사람은 헬스로 만든 근육을 더 잘 알아보는 것처럼 상대가 항상 혁신적인 사고를 하는 사람이라면 조금만 이야기를 나눠도 당신의 습관을 알아차리고 당신이 현실에 순응하고 개혁보다 답습에 더 익숙한 사람인지 혹은 그 반대인지 구분해낼 것이다. 이 습관은 사회생활에서 특히 진가를 드러낸다. 취업 인터뷰나 미팅을 할 때 당신의 질문, 아이디어에서 철학의 향기가 뿜어져 나올 것이다.

데카르트로 사유하는 습관을 기르고 싶다면…

비판적 사고를 습관으로 만들기 위해서는 책을 무작정 많이 읽는 것보다 적은 양이라도 제대로 읽는 것을 추천한다. 철학자의 논증을 그대로 받아들이지 말고 납득이 가지 않는 대목에 집중하고 숨은 전제를 찾아보는 연습을 하는 것이 좋다. 이 책에 소개한 모든 철학자의 저서를 하나씩 읽어보며 내 이야기를 비판적으로 바라보는 것도 정말 유익하리라고 믿는다. 아니면 텔레비전에서 전문가가 어떤 말을 하고 패널이 "와, 멋져요"라고 반응할 때 대체 왜 그러는 것인지, 그 지식의 진실 여부는 어떤 과정으로 시험할 수 있을지 생각해보는 것도 재미있을 것이다.

하지만 역시 데카르트의 《제1철학에 관한 성찰》을 읽어보는 것이 안일한 자세를 탈피하는 데 가장 크게 도움이 될 것이다.

《제1철학에 관한 성찰》을 다 읽었다면 그다음으로 "나는 생각한다. 고로 존재한다"라는 문장이 담긴 《방법서설》을 읽어보는 것을 권한다. 《제1철학에 관한 성찰》과 겹치는 주제가 많기에 함께 읽으며 사유하기 딱이다.

Chapter 4.

객체 아닌 주체로
살아가는 법

보부아르의 《제2의 성》

여성성의 실체는 무엇일까? 보부아르에 의하면 이는 여성의 생물
학적인 운명이나 여성이 심리적으로 타고난 것이 아니라 다만 사회
의 역사적 억압으로 여성에게 주어지는, 즉 인공적으로 만들어지는
것이다.

보부아르가
말하는 여성성

1908년 프랑스 파리에서 태어난 시몬 드 보부아르Simone de Beauvoir는 흥미로운 철학자다. 보부아르의 아버지는 연극배우였고 어머니는 큰 부를 상속받았다. 보부아르는 어머니가 집안의 가장 노릇을 하는 것을 보고 자랐다.

보부아르는 여성으로서 자신의 한계를 규정짓지 않았다. 소르본대학교에서 사르트르의 철학 자격시험을 도와줬다가 1등 자리를 사르트르에게 내주고 2등으로 통과했다. 이후 사르트르와 연인이 됐지만 결혼은 하지 않고 동시에 다른 남성들과 뜨거운 사랑을 나눴다. 보부아르는 자신은 철학자가 아니라고 한 적도 있지만 그러면서도 실존주의, 현상학, 페미니즘 철학에 평생을 매진했다.

이런 보부아르의 철학 중 가장 유명한 것은 페미니스트 철학서로서 역사적 상징성을 지닌《제2의 성Le Deuxième Sexe》이다. 보부아르는 인류의 역사는 남성이 중심이 되고, 여성은 남성이 아닌 것, 남성에 부차적인 존재, 남성에 의지하는 존재, 남성이 갖고 싶어 하는 존재 정도로 취급받아 왔다는 것에 주목했다. 고대 그리스의 아리스토텔레스조차 여성을 기능의 부재로 정의하며 자연적으로 불완전한 존재라고 여겼으니 말이다. 보부아르는 여성은 아직까지도 '제2의 성'이며, 남성은 사회에서 주체로서 자유롭게 살아가지만 여성은 객체로서 진정한 자유를 누리지 못한다고 주장했다.

보부아르가 특히 문제 삼은 것은 바로 사회의 여성성에 대한 요구였다. 보부아르는 사회가 여성에게 특정한 여성성을 요구하면서도 동시에 남성성을 갖고 있지 않다는 이유로 무시한다고 지적했다. 지적인 여성에게 여성스럽지 못하다고 비난하는 동시에 남성과 지적으로 동등한 존재가 되려면 화장이나 손톱 손질 따위는 그만하라고 이야기하는 식이다.

실제로 《제2의 성》이 출간됐을 때 미디어는 보부아르가 '너무 성적으로 문란해서' 혹은 '성적으로 차가워서frigid(여기서 'frigid'는 보통 여성에게 사용하는 단어다)' 이런 책을 쓰는 것이라고 그의 여성성을 특정해 공격했다. 사회는 여성이 특정한 여성성을 지니기를 기대하는 동시에 그 여성성을 이유로 여성의 다른 자질들을 깎아내린다는 보부아르의 주장과 맞아떨어지는 반응이었다. 이런 사회적 억압과 제약 때문에 여성은 남성처럼 자유롭게 자신이 원하는 대로 미래와 운명을 결정하기가 쉽지 않다는 것이《제2의 성》의 핵심이다.

그렇다면 여성성의 실체는 무엇일까? 보부아르에 의하면 이는 여성의 생물학적인 운명에 의한 것이나 여성이 심리적으로 타고난 것이 아니라 사회의 역사적 억압으로 여성에게 주어지는, 즉 인공적으로 만들어지는 것이다.《제2의 성》에서 가장 유명하면서도 중요한 다음 문장을 보면 그의 철학을 더 명확히 이해할 수 있다.

태어나면서부터 여성인 것이 아니고, 태어난 뒤 여성이 돼간다.

여성은 모두 사회에서 주어지는 여성성으로 제한되지 않고 자신만의 여성성을 만들어나갈 실존적 자유를 가져야 한다고 보부아르는 강조했다.

남자는 천재,
여자는 노력가?

내가 살면서 가장 먼저 여성성에 관련된 사회의 편견을 맞닥뜨린 것은 중학생 때다. 나는 같은 반의 지후라는 남학생과 성적에서 1, 2등을 다퉜는데, 이 라이벌 구도가 지속되자 학교에서 초미의 관심사가 됐다. 지후가 수학을 아주 잘하기는 했지만 나도 수학이라면 빠지지 않았고 무엇보다 내가 지후보다 문과 과목들을 더 잘했다. 그런데 아이들은 공공연하게 "지후는 천재적이고 남연주는 노력파야"라고 말했다.

한두 번이 아니라 이런 소리를 꽤 여러 번 들으니까 조금씩 화가 났다. 내가 천재적이라고 생각한 것은 아니고 열심히 노력한다는 말이 칭찬인 것은 맞지만, 나는 가뜩이나 초조해하는데 항상 여유로운 표정인 지후가 눈에 거슬렸다. 나는 아이들에게 대뜸 왜 그렇게 생각하느냐고 물었다. 아이들은 "지후는 PC방에서 게임을 얼마나 많이 한다고. 너는 매일 집에 가서 공부하잖아!"라고 대답했다.

정말 어이가 없어서! 나는 당시 유행하는 온라인 게임이라면 안 해본 것이 없는 게임 마니아였다. 단지 부모님이 PC방은 위험하다고 못 가게 해서 집에서 게임을 했을 뿐이었다. 내가 억울하다고 하소연하자 엄마는 대수롭지 않은 듯이 말했다.

"왜, 보통 남자애들이 더 수학, 과학에 재능이 있는 경우가 많거든. 여자애들이 더 열심히 공부하기도 하고. 그래서 네 경우도 어림짐작했나 보다."

이런 어림짐작과 편견이 내 무의식에 얼마나 영향을 줬는지는 알 수 없다. 내가 남자아이였고 수학 천재라는 소리를 들으며 자랐다면 신나서 수학을 전공하려고 했을지 모르는 일이다.

나는 이때를 생각하며 항상 사회가 내 여성성을 어떻게 정의하는지 적극적으로 생각해보려고 노력한다. 예를 들어 컴퓨터공학이나 철학을 공부하는 여성이 상대적으로 적다는 사실을 인지하고 넘어가는 것에 그치지 않고 그 사실이 내게 어떤 영향을 주는지 돌이켜보는 것이다. 의식적으로 '나는 여자니까 아무래도 철학에는 재능이 별로 없을 수 있겠지' 하고 생각하지는 않더라도, 무의식적으로 남성이 많은 분야를 자신의 가능성 밖에 둘 수 있다. 당신에게는 사실 무한한 자유가 있다는 것을 항상 기억하라.

스탠퍼드에서 발견한
변화의 물결

스탠퍼드에서 나는 대단히 새로운 환경을 맞닥뜨렸다. 여성에 대한 편견이 존재한다는 것을 공공연하게 이야기하고 이를 적극적으로 시정하려는 분위기였기 때문이다. 고등학생 때는 죽이 잘 맞는 역사 선생님과만 그런 이야기를 할 수 있었는데 스탠퍼드에서는 아니었다. 학생들끼리 모여서 교수님들에 관해 이야기할 때도 누군가가 "그 교수님은 목소리가 별로야"라고 하면 "혹시 여성이라서 그렇게 느끼는 것은 아닐까? 연구에 따르면 사람들은 낮은 목소리에 더 신뢰감을 느껴. 하지만 목소리가 높다고 해서 그 내용이 덜 좋은 것은 아니야"와 같은 대답이 거침없이 나왔다. 스탠퍼드에서 가장 유명하다는 〈컴퓨터공학 입문〉 강의의 수강생 중 절반 정도가 여학생이었고, 교수님도 여성을 차별하는 발언이나 행동을 하지 않으려고 노력하는 것이 눈에 띄었다. 발표하는 학생의 남학생과 여학생 비율을 맞추는 등 작은 노력이 쌓여서 여학생들에게 큰 영향을 줬다.

나는 감사하게도 남성 중심적이기로 소문난 학과인 철학과에서도 차별은 크게 느껴본 적이 없다. 내 어드바이저였던 크리스타 라울러 교수님은 항상 내게 멋진 철학자라며 용기를 북돋았다. 논문을 조금만 잘 써도 이 분야를 더 깊이 공부해보라고 말해줬다. 나의 공부나 사회생활을 돌아보면 나보다 먼저 그 길을 가본 여성들이 나를 도와주고 격려해준 경우가 많았다.

보부아르가 왜 여성들이 더 사회에 진출하고 활동해야 한다고 이야기했는지 몸소 느낀 셈이다. 여성이 상대적으로 적은 분야에서 여성은 같은 여성의 상황과 심리를 누구보다 더 잘 이해해줄 수 있다. 더 많은 여성이 더 다양한 사회적 위치에 있을수록 다음 그리고 다다음 세대는 여성성의 의미를 더 자유롭게 정의하게 될 것이다.

실리콘밸리의
젠더 문제

그렇다면 실리콘밸리에는 젠더 문제가 없다고 할 수 있을까? 절대, 절대, 절대 그렇지 않다. 내가 학부 전공인 심볼릭 시스템스Symbolic Systems 학생회 멤버로서 학부생들을 데리고 실리콘밸리의 VC 현장학습을 갔을 때 각 VC에서 우리를 맞아준 선배들은 전부 다 남자였다.

2018년 〈블룸버그 테크놀로지Bloomberg Technology〉의 사회자 에밀리 창Emily Chang의 인터뷰에 따르면 여성이 리드하는 회사는 전체 VC 펀딩의 2퍼센트가량밖에 유치하지 못한다. 남성이 많다고 이야기하는 월가에서도 사원의 성비가 50 대 50인 데 비해 실리콘밸리에서는 남성이 차지하는 비중이 75퍼센트에 달한다. 애초에 여성이 적게 지원하고, 적게 뽑히고, 적게 남아 있는 셈이다.

혹자는 여성은 테크 분야에 상대적으로 관심이 없어 적게 지원하는 것이라거나, 여성의 능력이 부족해 적게 뽑히는 것이라거나, 여성이 남성보다 육아를 더 중요시해 일찍 은퇴하는 것을 어쩌겠느냐고 할 수도 있다. 하지만 보부아르라면 여성이 특정 직업군에서 스스로 자기 가능성을 제한하고, 자기 능력에 대한 편견을 맞닥뜨리고, 가정을 이루는 것을 인생의 목표로 삼는 것은 우연이 아니라고 말할 것이다.

실리콘밸리와 테크 산업의 문화가 여성에게 우호적이지 않은 것은 공공연한 사실이다. 2015년 여성 테크 투자자들과 간부들이 실리콘밸리 시니어 레벨 여성 200명을 상대로 설문조사를 한 적이 있다. 그중 60퍼센트는 "일터에서 주로 상사들이 원하지 않는데 성적으로 다가왔다"라고 밝혔다.

2017년에는 운송 네트워크 기업 우버Uber의 엔지니어였던 수전 파울러Susan Fowler가 매니저의 반복된 성적 요구를 회사 인사팀에 제출했다가 오히려 해고 협박을 받았다. 파울러는 비슷한 경험이 있던 다른 여성들과 함께 목소리를 냈고 그 결과 CEO 트래비스 칼라닉Travis Kalanick이 회사에서 물러나게 됐다.

내 친구 베스도 사회 초년생 때 일하던 테크 회사에서 백인 남성 상사에게 비슷한 일을 당했다. 베스는 상사가 실적이 좋은 '골든 보이golden boy'였기 때문에 별 조치를 취할 수 없었다고 털어놓았다. 베스는 이를 악물고 버티다가 결국 이직에 성공해 지금은 VC 투자자로 일하고 있다.

보부아르는 여성이 남성의 성적 대상으로만 한정되는 것도 여성이 사회에서 제2의 성으로서 억압받는 방식 중 하나라고 이야기했다. 남성과 동등하게 일로 평가받아야 할 직장에서 성적으로 대상화되는 것의 폐해는 굳이 말로 설명하지 않아도 짐작할 것이다.

〈버자이너 모놀로그〉가
가르쳐준 것

공적 영역인 직장에서까지 성폭력이 일어난다는 것은 그만큼 사회가 여성의 성을 여성의 것으로 보지 않는다는 의미다. 직장의 문제를 해결하려면 근본적으로 직장 밖, 일상생활의 문화부터 달라져야 하지 않을까? 여성들이 보부아르처럼 주체적으로 여성성과 성에 관해 공공연하게 이야기하는 것이 변화의 시발점이 될 것이다.

〈버자이너 모놀로그The Vagina Monologues〉를 들어봤는가? 한국어로 번역하자면 '여성 성기의 독백'쯤 될 것이다. 1996년 극작가 이브 엔슬러Eve Ensler가 여성 200명을 직접 인터뷰한 것을 바탕으로 쓴 연극으로 여성의 성을 부끄러워하기보다 축하하고 여성에 대한 폭력을 규탄하는 내용이다. 어떤 모놀로그가 있는지 여기서 모두 이야기하기는 어려우니 〈버자이너 모놀로그〉의 대본을 한번 읽어보기를 권한다. 물론 논란도 많고 나도 모든 내용에 동의하는 것은 아니지만, 소재와 장르 자체로서 상징성이 있다.

〈버자이너 모놀로그〉는 오프 브로드웨이에서 작게 시작됐지만 점차 인기를 얻어 2001년에는 메디슨스퀘어가든에서 배우 70여 명으로 이뤄진 공연을 매진시켰다. 또 얼마 지나지 않아 전 세계의 대학 캠퍼스에서 막을 열었다. 스탠퍼드도 그중 하나였다.

나는 고등학교 여름방학 때 하버드대학교에서 여성학 수업을 들은 적이 있다. 그 수업의 교재 중 하나가 〈버자이너 모놀로그〉였기에 스탠퍼드에서 이를 매년 공연한다는 소식에 자연스럽게 관심을 가졌다. 나는 이미 다른 연극에서 주인공을 맡은 상태였으므로 자신감이 잔뜩 충전된 상태로 오디션을 봤다. 오디션 과제는 〈버자이너 모놀로그〉의 독백 중 하나를 연기하는 것이었다.

나는 아무런 고민도 없이 일본군 '위안부' 여성의 인터뷰를 바탕으로 한 '말하라Say It'를 골랐다. 〈버자이너 모놀로그〉에서 크게 화제가 되거나 관심을 많이 받은 독백은 아니었지만, 한국인으로서의 정체성을 중요하게 여긴 내게 자신의 인권을 유린한 일본 정부에 사과를 요구하는 독백보다 중요한 독백은 없었다.

나는 대본을 아예 외워서 오디션장에 들어갔다. 결과는? 당당하게 합격! 감독을 맡은 선배는 원래는 내가 연기한 독백을 공연할 계획이 없었지만 내 오디션이 인상 깊어 대본을 수정하기로 했다고 말해줬다.

사실 〈버자이너 모놀로그〉는 여러 독백을 차례대로 공연하는 것이라 자기 파트의 연습이 끝나면 굳이 다른 사람의 연습을 보고 있을 필요가 없다. 그런데 우리는 자발적으로 남아 연습을 열심히 지켜봤다. 여성이 자신의 성, 성기, 폭력의 경험 등에 관해 큰 무대에서 가감 없이 이야기하는 것을 보는 것 자체가 새로웠고 가슴을 뛰게 했기 때문이다. 직접 쓴 모놀로그가 아닌데도 우리는 마치 우리 이야기처럼 몰입해 눈물 흘리고 어린아이처럼 크게 웃었다.

〈버자이너 모놀로그〉는 배우들 간 상호작용이 없어 서로 친하지 않아도 공연에 지장이 없었다. 그런데 우리는 오리엔테이션이라는 명목으로 피크닉도 가고 주말에 모여 댄스파티를 열었다. 여러모로 서로를 알아가려고 노력하면서 각자 여성으로서 〈버자이너 모놀로그〉가 자신에게 어떤 의미인지, 여성성이란 무엇이며 가장 관심을 가지고 지켜보는 여성 관련 이슈는 어떤 것인지 의견을 나누기도 했다.

스탠퍼드 재학 중에 또 졸업한 뒤에도 여성으로 살아가는 것의 어려움, 인종이나 역사적 배경에 따라 달라지는 젠더 문제를 정말 많이 배웠다. 나는 아직도 여성에 대한 사회적 편견을 맞닥뜨릴 때면 〈버자이너 모놀로그〉 크루를 기억하며 어깨를 일부러 더 곧게 펴고는 한다. 당신에게도 다른 여성들과 〈버자이너 모놀로그〉 낭독 모임 및 토론회를 가져보기를 추천한다. 정말 새롭고 든든한 경험이 될 것이다.

남성으로서
할 수 있는 것

지금까지 이야기했듯이 여성으로서 직장 내 불평등을 해소하려면 직장 밖에서부터 자신의 여성성을 주체적으로 정의하려는 노력이 필요하다. '여자인데 이렇게 해도 괜찮을까?' 하는 생각이 드는 순간이 바로 사회가 정의하고 역사적으로 요구해왔던 여성성을 의심해야 하는 순간이며 그럼에도 불구하고 자유롭게 삶을 개척해 나아가야 하는 이유를 사유해야 하는 순간이다. 인생의 모든 순간 주체가 돼 당당히 선택하고, 다른 여성들의 선택을 지지하자.

한편으로 실리콘밸리에서 자주 들었던 이야기가 있다. 여성들이 젠더 불평등을 해소하려고 자기들끼리 리더십 모임도 만들고, 네트워킹도 하고, 어떻게 하면 더 목소리를 낼 수 있을지 교육을 들어도, 결국 남성들이 바뀌지 않으면 근본적인 변화는 일어나지 않는다는 것이다.

만약 당신이 남성이라면 자신의 말이나 행동이 불평등 또는 편견을 심화하는 것은 아닌지 생각해보는 과정이 필요하다. 여성의 이야기를 한 번 더 듣고, 누군가 여성의 말을 자를 때 "○○ 씨, 무슨 말씀 하려고 하셨나요?" 하고 발언 기회를 주는 것도 남성으로서 할 수 있는 배려다. 여성 리더와 남성 리더를 다른 기준으로 평가하고 있지는 않은지 스스로 점검해볼 수도 있겠다.

무엇보다 여성학 책을 읽어보는 것이 당신의 관점을 넓히고 더 좋은 리더 나아가 더 좋은 사람이 되는 방법이라고 확신한다. 보부아르의 《제2의 성》부터 시작하는 것은 어떨까?

✕
✕
✕

Chapter 5.

내 삶의 의미를
찾아가는 법

울프의 의미 있는 삶

의미 있는 삶이란 무엇이냐는 질문에 울프는 '가치 있는 프로젝트에 활발히 참여하는 삶'이라고 답한다. 이때 프로젝트가 항상 쾌락적이고 즐거워야 한다는 뜻은 아니다. 힘들더라도 계속 그 일에 매료돼 끝까지 해나가는 것이다.

스탠퍼드 동기들의
비밀 멘토

토니 로빈스Tony Robbins를 아는가? 미국에서 어마어마하게 큰 산업인 동기부여 분야에서도 명실상부 최고의 경력을 자랑하는 전문가다. 오프라 윈프리Oprah Winfrey, 빌 클린턴Bill Clinton, 넬슨 만델라Nelson Mandela, 다이애나 왕세자비Diana Spencer, 레오나르도 디카프리오Leonardo DiCaprio 등 유명 인사 고객이 많은 것으로도 유명하다.

스탠퍼드에서 공부할 때 로빈스를 멘토로 여기는 동기들이 여럿 있었다. 그 친구들은 로빈스의 수백만 원짜리 세미나에 등록해 로빈스가 불 위를 걸으라고 하면 실제로 소리를 지르며 불 위를 걸을 정도로 그를 신뢰했다(아마도 자기 내면의 두려움을 극복하기 위한 프로그램 같았다. 나는 절대, 절대 하지 않을 테지만).

동기들의 이야기를 들어보니 꽤 솔깃했지만 몇백만 원을 투자할 용기는 나지 않아 몇만 원 정도 들여 로빈스의 오디오 강의를 찾아 들어봤다. 그는 누구나 알고 있을 만한 전제를 활용해 코칭을 하는데, 예를 들면 우리 인간은 기본적으로 기쁨을 원하고 고통을 피하는 존재라는 것이다. 이는 거의 모든 광고가 자기 제품이 얼마나 큰 즐거움을 가져다줄지, 경쟁사의 제품이 얼마나 큰 고통을 가져다줄지를 암시하는 것을 봐도 알 수 있다.

따라서 어떤 목표를 이루고 싶거나 스스로를 변화시키고 싶다면 현 상태에 아주 큰 고통을 연관시키고 원하는 목표에 아주 큰 기쁨을 연관시켜야 한다는 것이 로빈스의 조언이다. 예를 들어 체중을 감량하고 싶어 하는 사람이 초콜릿을 보고 먹을지 말지 갈등에 빠졌다면 초콜릿을 먹었을 때 느낄 기쁨보다 초콜릿을 먹었을 때 경험할 고통에 집중해야 한다. 실패가 두려워서 창업을 망설이고 있다면 실패의 고통보다 평생 창업하지 않았을 때 느낄 고통에 온전히 집중하면 된다.

그런데 잠깐, 더 중요한 질문이 빠지지 않았는가? 우리가 애초에 체중 감량을 목표로 하는 이유는 무엇이며, 젖먹던 힘까지 끌어올려 회사를 차리고 CEO 타이틀을 달려는 이유는 대체 무엇일까? 간단하게 말하면 더 나은 삶을 살려고 하는 것일 테다.

그렇다면 더 나은 삶이란 대체 무엇일지 철학적으로 생각해보자. 현대 도덕철학의 거장 데렉 파핏Derek Parfit에 따르면, 더 나은 삶의 단위가 되는 '자기 이익good'은 크게 세 가지 방법으로 정의할 수 있다.

첫 번째는 쾌락주의적 방법이다. 인생의 경험에서 느끼는 감정의 질에 따라 자기 이익이 결정된다는 가설이다. 살면서 쾌락을 더 많이 느끼고 고통을 더 적게 느낄수록 자기 이익은 더 커진다.

이는 로빈스의 주장과도 겹치는 부분이 있다. 로빈스는 아무리 모든 것을 이루고 가진 사람이라도 항상 고통스러운 감정 상태에 있다면 그의 삶의 질은 매우 낮을 것이라고 말했다. 반대로 상대적으로 적게 이루거나 가진 사람이라도 항상 기쁘고 즐거운 상태라면 그의 삶의 질은 전체적으로 높다고 주장했다.

하지만 쾌락을 기준으로 삼는 삶은 직관적으로 그렇게 바람직해 보이지 않는다. 예를 들어 약물로 항상 즐거운 상태에 있다고 해서 나무랄 데 없이 좋은 인생이라고 할 수 있을까?

시시포스
이야기

두 번째는 선호주의적 방법이다. 쾌락주의에 따르면 자기 자신의 쾌락을 영순위로 여겨야 하는데, 많은 사람이 자기 자신보다 다른 사람의 행복을 더 생각하거나 쾌락 자체를 그렇게 중요하게 여기지 않는다는 점에 착안한 가설이다. 선호주의적 방법은 개인이 자신을 위해 가장 원하는 것을 자기 이익과 동일시한다. 예를 들어 쾌락과 행복을 느끼는 것보다 공무원 시험에 합격하는 것을 더 원한다면 오랜 고통을 수반하더라도 시험에 합격하는 것이 가장 큰 자기 이익의 요소가 될 것이다.

이 가설은 철학자 리처드 테일러Richard Taylor의 〈삶의 의미The Meaning of Life〉라는 유명한 논문의 주장과도 들어맞는다. 테일러는 논문에서 '삶의 의미는 자기가 하는 일에 대한 의지와 감정에서 온다'는 주장을 하기 위해 시시포스를 예시로 들었다.

시시포스는 그리스 신화에 나오는 인물로, 신을 화나게

한 벌로 평생 거대한 바위를 언덕 위로 굴려 올리는 형벌을 받았다. 호메로스Homerus의《오디세이아Odysseia》에 의하면 그 바위는 시시포스가 꼭대기에 안착시키려는 순간마다 다시 평지로 굴러떨어진다.

테일러는 시시포스 신화를 약간 변형하면 그 의의가 아주 크게 달라진다고 주장했다. 신들이 시시포스에게 내린 형벌 자체는 똑같지만 시시포스를 불쌍히 여긴 나머지 시시포스 마음속에 바위를 굴리고자 하는 욕망과 의지를 (인공적으로) 집어넣었다고 생각해보자. 마법에 걸린 시시포스에게 바위를 굴리는 것이 인생의 유일한 소망이 됐다. 애써 올린 바위가 굴러떨어지면 바위를 다시 굴릴 수 있어서 두근거릴 정도라고 보면 되겠다. 이런 마음가짐의 변화를 통해 시시포스의 삶은 지옥에서 천국으로 바뀌었다. 지옥에서 천국뿐일까? 테일러는 시시포스의 삶이 의미 없는 삶에서 의미를 찾은 삶이 됐다고까지 이야기한다.

테일러의 주장이 정말 타당할까? 자신이 원하는 일을 하며 산다면 그 일이 무엇이든 의미 있는 삶이 된다고 볼 수 있을까?

의미 있는
삶이란

앞의 두 방법이 온전히 주관적인 기준에 의한 것이라면 세 번째 방법은 객관적인 기준을 포함해 의미 있는 삶을 정의한다. 쾌락주의적 방법은 자기 이익이 오직 자신이 주관적으로 느끼는 감정에 기반한다고 보고 두 번째 선호주의적 방법은 자기 이익이 자신이 주관적으로 선호하는 일에 기반한다고 본다. 그러나 현대 도덕철학자 수전 울프Susan Wolf는 논문 〈행복과 의미: 좋은 삶의 두 요소Happiness and Meaning: Two Aspects of the Good Life〉에서 개인의 선택과는 독립적인, 객관적으로 인생을 더 낫게 해주는 요소들이 있으며 그런 요소가 없다면 의미 있는 혹은 좋은 삶이라고 보기 어렵다고 주장한다.

의미 있는 삶이란 무엇이냐는 질문에 울프는 '가치 있는 프로젝트에 활발히 참여하는 삶'이라고 답한다. 이때 어떤 프로젝트에 활발히 참여한다는 것은 한마디로 열정을 가진다는 뜻이다. 항상 쾌락적이고 즐거워야 한다는 의미가 아니다. 작가가 창작의 고통을 겪으면서도 작품을 만드는 과정을 사랑하는 것처럼 스트레스를 받고 힘들더라도 계속 그 일에 매료돼 끝까지 해나가는 것이다. 울프는 아무리 가치 있는 일을 하더라도 동시에 항상 무료하다면 의미 있는 삶이라고 할 수 없다고도 주장한다.

여기서 '가치 있는 프로젝트'란 무엇일까? 울프는 사람들이 "더 의미 있는 삶을 살고 싶다"고 할 때 어떤 욕구를 표출하는지 직관적으로 떠올려보라고 설명한다. 사람들이 이루고 싶어 하는 의미 있는 삶은 무엇일까? 더 즐거운 삶? 더 많은 목표를 달성하는 삶?

아니다. 울프는 가족, 친구와 돈독한 관계를 형성하는 것, 심미적으로 뭔가를 창조하거나 감상하는 것, 인격적 미덕을 수련하는 것, 종교적 활동 등을 예시로 든다. '프로젝트'라는 단어를 사용하기는 했지만 사실 일시적인 목표보다 오랫동안 꾸준히 쌓는 관계나 활동이 삶에 의미를 더한다고도 말한다.

인생의 의미에 관해 그런 것 따위 애초에 없다고 말하는 철학자들도 있고, 온전히 내면에서 만들어나가는 것이라고 말하는 철학자들도 있다. 하지만 나는 인생에도 객관적인 기준이 분명히 존재하고 그에 따른 가치를 열정적으로 더해가는 삶이 의미 있는 삶이라는 울프의 주장이 가장 설득력 있다고 생각한다. 세상에는 아무리 즐겁더라도 의미 있다고 인정하기 어려운 일들도, 아무리 힘들더라도 큰 의미가 있는 일들도 분명 존재하기 때문이다.

실리콘밸리에서의
가치

실리콘밸리에는 "더욱 열리고 연결된 세상을 만들기 위해to make the world more open and connected"라는 미션을 앞세운 메타Meta를 선두로 기업마다 중요하게 여기는 가치를 설명하는 문구가 있다. 온라인 네트워킹 사이트인 링크드인LinkedIn에 '세상을 긍정적으로 변화시키는 소프트웨어를 개발하고 싶다'와 같이 자신의 커리어 미션을 써놓는 것도 트렌드다. 명상과 요가가 유행하면서 눈에 보이는 성취보다는 평안, 사랑, 자비 같은 무형의 가치를 더 추구하는 추세이기도 하다.

실리콘밸리에서 태동한 스타트업 중 이렇게 어떤 가치나 미션을 표방하지 않는 회사는 찾기 힘들 것이다. 실리콘밸리에서 면접을 본다면 그 회사의 미션을 찾아보고 자신의 가치와 어떻게 부합하는지 생각해놓는 것이 필수일 정도로 이를 중요하게 여긴다.

실리콘밸리에서 일할 때 나는 울프의 글을 읽었다. 그가 말하는 의미 있는 삶은 내게 감동을 주면서도 여러 의문을 던졌다. 울프는 의미 없는 삶을 설명하며 커리어의 성공을 위해 건강과 사적인 관계를 희생하는 기업 변호사를 예시로 든다.

그런데 그 변호사가 실리콘밸리 유니콘 기업에서 일한다면 어떨까? 테라노스Theranos같이 사기로 판명 난 회사를 제외하고, 실제로 혁신적인 기술로 세상을 바꾸고 전 세계 이용자들의 삶을 훨씬 더 편리하게 만드는 회사에서 일하느라 건강과 인간관계를 희생한다면 말이다. 자기가 다니는 회사가 가치 있는 일을 한다면 그 일부인 내 삶도 자동으로 의미 있게 되는 것일까? 인성이 개차반이라도 대단한 일을 해내 세상에 도움이 된다면 의미 있는 삶을 사는 것일까?

이런 물음에 대한 답은 개개인에 따라 달라질 것이다. 똑같은 회사에서 똑같은 직함을 가졌더라도 사내에 미치는 영향력과 맡아서 하는 업무의 방향은 각자 다를 것이기 때문이다. 같은 구글Google에서도 동료들에게 격려와 영감이 되는 사람이 있는 한편 후배를 괴롭히고 자신의 야망만을 생각하는 사람이 있을 것이다.

무엇보다 나는 이런 의문에 '그렇다', '아니다'와 같은 이분법적인 답을 내리는 것이 중요하지 않다는 점을 깨달았다. 의미 있는 삶에 대한 철학적 사유의 목표는 우리 모두 적극적으로 더 의미 있는 삶을 살려고 노력하는 것이다. 마치 시험에 통과하면 공부를 중단하듯이 '내 삶은 의미 있다'라고 결론짓는 순간 더 이상 의미 있는 삶을 살려고 노력하지 않아도 되는 것은 아니다. 내가 하는 일로 세상에 어떤 가치를 더하고 있는지 그리고 내 삶에 어떤 의미를 더하고 있는지 점검하는 습관을 기르는 것에 철학적 사유의 의의가 있다.

워라밸 그리고
인격 관리

사회생활은 자기 마음대로 되지 않는 것이 정상이다. 내가 지금부터 아무리 일에서 인생의 의미를 찾겠다고 해도 지금 당장 원하는 직종으로 취업이나 창업, 이직을 하기는 쉽지 않다. 회사는 이해관계로 이뤄진 조직이다 보니 사내 인간관계에서 의미를 찾기도 만만치 않을 것이다.

워라밸을 지키고 일에서 자신을 분리할 줄 알아야 하는 이유가 바로 여기에 있다. 페이스북Facebook의 COO였던 셰릴 샌드버그Sheryl Sandberg는 오후 5시 30분에 퇴근해 아이들과 저녁을 먹는 것을 우선순위로 삼는다고 한다. 평범한 직장인이 마음대로 출퇴근 시간을 정하기는 어렵겠지만 회사가 허락하는 시간표에 어떤 '라이프'를 끼워 넣을지에 대한 선택은 모두에게 있다.

나도 성공을 위한 자기계발만이 의미 있는 것이라는 고정관념에서 벗어나 내가 아끼는 사람 혹은 속해 있는 사적인 공동체에 먼저 시간을 투자하게 되기까지 꽤 오랜 시간이 걸렸다. 하지만 지금은 일과가 끝나면 힘든 시간을 보내고 있을 친구를 위해 편지를 쓰고 가족 식사를 앞장서서 계획하는 사람이 됐다. 이런 변화로 나는 (꽤 진부하게 들릴 수 있지만) 진정한 우정이 무엇이고, 가족 간의 사랑은 어떤 것이며, 마음을 나눌 수 있는 공동체에 속하는 기쁨이 무엇인지 깊이 깨닫게 됐다. 그리고 이런 깨달음이 내 인생을 의미 있게 만들어준다고 확신한다.

내 인생의 의미를 지탱해주는 또 다른 기둥은 '더 좋은 사람이 되고자 하는 열망'이다. 이 책 전반에 담긴, 내가 해온 고민과 발전을 매일 하려고 노력하는 것이다. 대학생 때 컴퓨터공학 수업에서 팀 프로젝트로 앱을 개발한 적이 있었다. 아이디어를 내놓는 과정에서 나는 인격 관리 앱을 제안했다. 자기가 중요하게 여기는 가치, 부족하다고 생각하는 미덕 등을 설정해놓고 매일 수시로 나의 행동과 선택, 다른 사람에게 미친 영향 등을 기록하며 인격을 함양하는 데 도움을 주는 앱이었다.

아쉽게도 그 아이디어는 팀원들에게 채택되지 않았다. 한 명은 "아무도 그런 거 안 쓸 것 같은데"라고 말하기까지 했다. 하지만 나는 사람들이 체력이나 커리어를 관리하듯

인격도 더 열심히 관리하는 날이 올 것이라고 생각한다. 부족하지만 더 나아지려고 노력하는 과정에서 삶의 의미를 느끼는 것이 인간의 본성이고 인격은 24시간 자신을 대표하는 능력이기 때문이다. 이 책을 읽은 당신도 나름대로 인격 관리를 하며 삶의 의미를 찾는 철학자가 아닐까?

Part 2

타인과의 관계에서

중심을 잃지 않고 싶을 때

필요한 철학

Chapter 6.

질투와
이별하는 법

니체의 《도덕의 계보》

강자의 몰락을 바라던 성직자들은 자신이 갖지 못한 것을 가진 사람들이 스스로 그것을 포기하거나, 가진 것에 죄책감 혹은 부끄러움을 느끼게 했다. 이것이 바로 니체가 '도덕성의 노예 혁명'이라고 일컫는 사건이다.

나의
소셜 미디어 룰

유튜브나 인스타그램을 보면 소위 말하는 '갓생'을 사는 사람들이 수두룩하다. 일찍 일어나서 PT를 받고 직장에서 큰 프로젝트를 성사시킨 후 친구들과 유명한 와인바에 앉아 아무 걱정도 없는 사람처럼 웃으며 저녁을 먹는 사람들. 내 승진이 밀린 것을 어떻게 알고 마침 자신의 승진 소식을 자랑하는 사람들. 화이트 톤 인테리어에 완벽하게 청소돼 있는 집으로 돌아와서는 독서로 하루를 마무리하는, 피부는 항상 깨끗하다 못해 윤광이 흐르고 어떤 문제가 생겨도 거울만 보면 잊힐 것 같은 외모를 가진 사람들. 어떤가, 듣기만 해도 부럽지 않은가? 당신은 이런 사람을 보고 어떻게 대응하는가?

내게는 한 가지 규칙이 있다. 소셜 미디어의 순기능을 위해 사용은 하되 시기와 질투의 근원이 될 만한 콘텐츠는 차단하는 것이다. 예를 들어 유튜브를 보며 스크롤을 내리다 순간적으로 어깨를 경직되게 하는 섬네일을 보면 아무 생각 없이 '이 채널 추천하지 않기'를 누른다. 이 규칙을 만들고 정신 건강을 지켰다고 확신한다.

스탠퍼드의
천재들

얼마나 시기, 질투를 많이 하면 그런 규칙까지 만들었느냐고? 글쎄, 나도 고등학교 졸업할 때까지는 세상에 부러운 사람이 없었다. 아무리 대단한 사람을 봐도 내 시간과 능력을 쏟기만 한다면 그 사람이 가진 것을 이룰 수 있으니 별거 아니라고 생각했다. 실제로 나는 스탠퍼드에 꽤 오만한 마음가짐으로 입학한 편이다. 그렇게 되기 어렵다는 조기 합격자이기도 했고, 워낙 성취 중심으로 살다 보니 큰 실패를 경험한 적이 별로 없었다. 나는 스탠퍼드 신입생 오리엔테이션에서 손을 들고 발표를 하는 몇 안 되는 학생 중 한 명이었을 정도로 자신만만했다.

스탠퍼드 입학 후 나는 말로만 듣던 천재들을 보며 처음으로 자괴감을 느꼈다. 물론 고등학교 때도 나보다 어떤 분야에서 뛰어나거나 똑똑한 친구들은 한둘 있었다. 하지만 천재가 발에 치이는 환경에 놓이는 것은 차원이 달랐다.

일단 스탠퍼드에서 공부를 못한다는 것은 이해할 수 없는 개념이었다. 악명 높은 〈유기화학〉 수업에서 고작 B+를 받았다고 우는 친구들이 수두룩했다. 학생 대부분이 자기 전공에서 최상위 성적을 내는 동시에 다른 분야에서도 두각을 나타냈다. 잠은 거의 자지 않고 인간으로는 불가능해 보이는 수준으로 노력해 3년 만에 조기 졸업한 내 1학년 룸메이트, 어릴 때부터 사업을 해 이미 몇십억 대의 스타트업을 매각한 경력을 가진 친구들, 수학 천재인 동시에 토론대회 세계 챔피언인 친구, 미스 USA에서 2위를 수상한 모델, 올림픽 메달리스트(피겨스케이터 네이선 첸Nathan Chen과 스키 선수 에일린 구Eileen Gu 둘 다 스탠퍼드 학생이다), 학계에서 어마어마하게 유명한 부모님을 둔 친구들… 나열하자면 끝이 없었다. 그런 친구들 사이에서 나는 내가 생각한 만큼 특별하지 않다는 것을 인지하게 됐다.

'사돈이 땅을 사면 배가 아프다'라는 속담이 있듯이 아예 부딪힐 일 없는 사람보다 가까운 사람에게 시기심을 더 크게 느낀다. 매일 부대끼고 함께 수업을 듣는 친구들이 다들 대단하다 보니 나 역시 항상 질투심과 싸워야 했다. 그럴 때 도움이 된 것이 프리드리히 니체Friedrich Nietzsche의《도덕의 계보Zur Genealogie der Moral》였다.《도덕의 계보》는 매번 다시 읽어도 처음 읽을 때처럼 신선한 충격을 주는데, 그중에서도 특히 흥미로운 것은 '르상티망ressentiment'이라는 개념이다.

니체가 말하는 르상티망

니체는 1844년 독일에서 태어난 철학자로《도덕의 계보》도 독일어로 썼다. 하지만《도덕의 계보》의 핵심 개념인 르상티망은 프랑스어 원어로 소개한다. 이는 니체가 처음 쓴 것이 아니라 원래 '보복하고 싶은 심리 상태'로 사용되던 프랑스어다. 니체는 오늘날까지 이어지는 도덕적 가치 형성의 중심에는 르상티망이 있었다고 이야기한다.

역사적으로 사회에는 신체적, 정치적으로 힘이 있는 사람들과 상대적으로 힘이 약한 사람들이 존재했다. 성직자들은 약자였지만 혈통으로는 귀족이었기 때문에 힘을 더욱 갈망했다. 그런 갈망은 강자에 대한 르상티망, 즉 악의적인 시기로 이어졌다.

르상티망은 단순한 질투를 넘어선 감정이다. 남이 가진 것을 갖고 싶어 하는 것을 넘어 그들이 가진 것 혹은 가진 것으로 얻은 특혜를 잃어버리기를 꾸준히 바라는 심리 상태다. 그렇게 르상티망을 품고 강자의 몰락을 바라던 성직자들은 한 가지 전략을 생각해냈다. 자신이 갖지 못한 것을 가진 사람들이 스스로 그것을 포기하거나, 가진 것에 죄책감 혹은 부끄러움을 느끼게 하는 것이었다.

먼저 그들은 강자들을 가리키고 이렇게 말했다. "저들을 봐. 자기들이 선하다고 생각하지만 사실 저들은 악해. 저들이 하는 행동, 저들이 대표하는 것들 모두가 악하다고."

그다음 자신을 가리켰다. "우리를 봐. 우리는 저들과 아주 다르지. 저들이 악하니 반대로 우리는 선한 것이 틀림없어. 따라서 우리가 대표하는 모든 가치는 선해good."

성직자들은 초라함, 복종, 비겁함 같은 약자의 특성을 겸손함, 순종, 참을성과 같은 미덕으로 포장했다. 이렇게 힘이 있으면 악하고 힘이 없으면 선하다는 도덕적 가치 체계를 확립한 뒤 사회적으로 힘이 있는 자들이 스스로 그 힘을 버리거나 그 힘 때문에 심리적으로 주눅 들도록 만드는 데 성공했다. 이것이 바로 니체가 '도덕성의 노예 혁명'이라고 일컫는, 서양의 도덕적 전통을 바꿔놓은 사건이다. 니체는 도덕성이 사실 좋은 상황에 있는 사람들의 행복을 망쳐버리려는 르상티망에 기원을 두고 있다고 봤다.

르상티망 예방법 1단계: 시기의 대상 인정하기

앞서 단순한 질투와 르상티망에는 분명한 차이가 있다고 설명했지만 나는 시기심이 르상티망으로 변하는 것은 시간 문제라고 생각한다. 그래서 규칙을 세워서 질투의 싹을 잘라버렸다. 소셜 미디어야 차단해버리면 그만이지만 현실에서는 어떻게 해야 할까? 직장에서 나보다 먼저 승진한 동료를 매일 봐야 한다면, 3년 차인 나보다 능력이 뛰어난 신입과 같은 팀이라면 어떻게 하나? 역시 니체의《도덕의 계보》에서 힌트를 찾았다.

> 고결한 자는 자기 자신에게 믿음과 열린 마음을 갖지만 르상티망에 빠진 자는 자기 자신에게 올곧지도, 있는 그대로 솔직하지도 않다. 그의 영혼은 눈을 찌푸린다. 그의 정신은 숨을 곳, 비밀스러운 길 그리고 뒷문을 사랑한다. 가려진 모든 것이 그의 세계, 그의 안전, 그의 휴식이 돼 그를 유혹한다.

르상티망을 예방하는 첫 번째 방법은 자기 자신에게 솔직해지는 것이다. 남들 앞에서 굳이 내 속마음을 전부 드러낼 필요는 없지만 적어도 나 자신에게는 내가 누군가를 보고 시기심을 느끼고 있다는 사실을 인정해야 한다. 부러움의 대상을 부인하고 니체가 말한 것처럼 나 자신에게 있는 그대로 솔직해지지 못한다면 어쩔 수 없이 마주쳐야 하는 상대에 대해 적절한 사유도 하지 않을 것이다. 자존심을 지키려고 '괜히 싫고 불편한 사람'이라고 단정하고 넘어갈 수도 있다. 반대로 내가 시기심을 느끼는 대상의 존재를 인지하고 그 마음을 인정한다면 다음 단계로 나아갈 준비가 된 것이다.

르상티망 예방법 2단계: 갖지 못한 것도 악이 아님을 이해하기

자, 볼 때마다 뭔가 마음이 불편해지는 직장 동료를 향한 당신의 마음이 사실 시기심이라는 것을 인정했다. 이제 어떻게 해야 할까? 그 시기심의 원인을 파악해야 한다. 아주 현실적인 예시를 들어보겠다.

직장 동료가 매주 다른 명품 가방을 매고 오는 것

이 눈에 밟힌다. 같은 월급을 받는데 대체 어디서 저런 돈이 나온다는 말인가? 그러고 보니 나보다 일을 열심히 하는 것 같지도 않다. 사실 저렇게 명품을 소비하는 행동 자체가 글러 먹었다고 볼 수 있다. 명품 가방을 살 돈을 알뜰하게 모으면 투자를 하거나 기부를 할 수 있다. 그게 아니더라도 자기계발같이 좀 더 의미 있는 데 쓸 수도 있을 것이다. 이런 판단을 할 수 있는 내가 오히려 더 멋진 사람 아닐까? 그런 면에서 명품 가방을 갖지 않은 것은 미덕인 듯하다.

자, 여기서 르상티망 노예 혁명의 현대판 내러티브를 살펴볼 수 있다. 예시의 '나'는 사실 직장 동료의 명품 가방이 갖고 싶다. 부러우니까 눈에 밟히는 것이다. 그런데 그것을 있는 그대로 부러움의 대상으로 인지하기보다는 성직자들이 강자들을 상대로 한 것처럼 악으로 해석한다. 명품 가방을 가진 사람은 모두 '글러 먹었다'라고 묘사하는 것에서 그 마음을 엿볼 수 있다.

물론 명품 가방을 사지 않는 사람들은 모두 저렇게 생각한다고 말하려는 의도는 절대 아니다. 하지만 명품 가방이 굉장한 낭비라고 생각하는 사람들은 많을 것이다. 여담이지만 내가 실리콘밸리에서 만난 친구들도 그랬다. 사업의 초기 투자금으로 쓸 수 있는 몇백만 원을 가방 하나에 쓰는 행동을 대단히 경제적이지 못한 결정이라고 생각했다(마크 저커버그Mark Zuckerberg와 잡스의 패션만 봐도 실리콘밸리의 부자들이 명품을 어떻게 생각하는지 대충 알 수 있다).

이 사람의 진심은 사실 자신도 경제적 여유만 된다면 명품 가방을 사고 싶다는 것이다. 갖고 싶은 대상을 해로운 것으로 치부하는 것은 일순간 마음을 달래려는 자기기만에 불과하다. 마음 한구석에 명품 가방을 갖지 못한 자신에 대한 연민을 숨기고 사는 것이다. 이러면 떳떳하게 명품 가방을 사겠다는 목표를 향해 노력하기도 애매해진다. 차라리 깔끔하게 명품 가방을 원한다는 사실을 인정하고 자기기만과 자기 연민에 쓸 에너지를 그것을 갖는 데 쏟아붓는 것이 현명하다. 갖고 싶은 모든 것을 가질 수는 없지만 목표에 더 가까이 가는 것은 언제나 가능하기 때문이다.

르상티망 예방법 3단계:
스탠퍼드의 오리들 기억하기

그런데 시기의 대상이 추상적일 수도 있지 않을까? 예를 들어 직장 동료의 명품 가방이 부러운 게 아니라 항상 밝으면서 일은 똑 부러지게 해내고 인간관계도 원만해 보이는 동료의 삶 그 자체가 부러운 것이라면? 단순히 내가 명품 가방을 사면 해결되는 문제가 아니라 아예 그 사람이 되고 싶은 것이라면?

사실 많은 스탠퍼드 학생이 비슷한 고민을 한다. 스탠퍼드 학생쯤 되면 기본적으로 똑똑하고 유능하니 감사만 하며 살아가지 않을까 생각할 수도 있겠지만, 범접할 수 없는 천재들과 매일 경쟁해야 하는 선천적 욕심쟁이 성취주의자가 그럴 리 없다. 스탠퍼드 학생 다수가 불안 증세를 겪고 교내 심리 상담 서비스를 찾는다.

입학 직후 한창 혼란스러울 때 기숙사 선배가 내게 해준 말이 있다. 스탠퍼드 학생들은 단 한 명도 빠짐없이 '오리'라는 점을 잊지 말라는 것이다. 내가 이해할 수 없다는 표정을 짓자 선배는 웃으며 스탠퍼드에는 '스탠퍼드 오리 신드롬stanford duck syndrome'이 있다고 이야기해줬다.

오리는 겉으로 보기에는 유유히 물살을 가르는 듯하지만 수중에서는 열심히 발로 헤엄을 치고 있다. 물 위에서 보이는 여유로운 모습과는 정반대인 셈이다. 스탠퍼드 학생들도 모두 겉으로는 햇볕 아래 누워 태닝이나 하는 것처럼 보이지만 사실 기숙사나 24시간 도서관에서 눈물을 참으며 새벽까지 과제를 붙들고 있다. 물 위에 떠 있으려고 정신없이 물장구를 치는 것이다.

스탠퍼드 오리 신드롬이 비단 스탠퍼드에만 적용되는 것은 아니다. 소셜 미디어를 통해 자기를 포장하는 것이 필수가 돼버린 현대 사회에서 성공한 사람들 대부분은 수중에서 열심히 발을 움직이는 오리일 것이다. 오리의 물장구는 노력의 상징일 수도 있지만 남들은 모르는 아픔과 어려움의 증표일 수도 있다. 누군가의 삶을 보고 부럽다고 느낄 때는 물 위의 오리를 보고 있다는 것을 잊으면 안 된다. 사실 그 오리는 나보다 훨씬 더 큰 고통을 견디며 물장구치고 있을 수도 있기 때문이다. 어떤 오리가 너무나도 멋져 보일 때 중얼거려보자. "내가 보고 있는 것은 전부가 아니다."

르상티망 예방법 4단계:
나만 가진 것 찾아 감사하기

세상에 나와 같은 혹은 더 뛰어난 물건, 학벌, 재력을 가진 사람은 많다. 하지만 나만의 '베스트 프렌드 조합'을 가진 사람은 아무도 없다. 12년 지기 브라이언과 비셰시 그리고 15년 지기 샨탈과의 우정은 내게는 그 무엇과도 바꿀 수 없을 만큼 소중하다. 재미있는 것은 브라이언과 비셰시는 스탠퍼드에서 만났지만 지금은 둘 다 실리콘밸리에 없고, 샨탈은 고등학교 때 만났지만 지금 실리콘밸리에서 일하고 있다는 것이다.

이 셋은 전공, 성격, 국적, 피부색 모두 다르다. 냉철한 분석과 현실적 대안이 필요할 때는 비셰시, 따뜻한 격려와 인문학적 지혜가 필요할 때는 브라이언, 무장해제하고 편하게 웃고 싶을 때는 샨탈을 찾는다.

세 친구의 공통점도 있다. 어떤 일이 일어나든지 또 내가 어떤 비참한 마음을 품게 되든지 이 셋에게만은 솔직해질 수 있다는 것이다. 세상에 대단한 사람은 많지만 이 셋과 모두 베스트 프렌드인 사람은 나밖에 없다는 것을 알고 있기에 르상티망을 예방할 수 있다.

한정된 시간과 자원을 어디에 쏟느냐에 따라 갖는 것은 달라진다. 나는 어떤 사람과 나와의 관계는 전 우주에서 유일하다는 점을 항상 기억하려고 한다. 그 사람이 다른 사람들과 가진 관계는 미묘하게라도 또 다른 성질의 그것이기 때문이다. 그래서 인간관계에 시간과 자원을 투자하고 주어진 것에 감사하게 여기려고 노력하는 편이다. 남보다 더 많이 가질 수 있는 것에만 집중한다면 르상티망에 취약해지기 마련이다. 친구, 가족, 연인, 공동체, 반려동물, 무엇이 됐든 당신만이 가진 소중한 관계를 자주 떠올리며 르상티망 방어막을 더 견고히 굳히기를 바란다.

니체를 더 읽고 싶다면…

《선악의 저편 Jenseits von Gut und Böse》은 니체를 처음 읽는 사람에게 적합한 책이다. 니체의 주요 아이디어에 대한 종합적인 개요가 궁금하다면 읽어보라. 니체 특유의 아포리즘적인 스타일도 재미 요소 중 하나다.

《도덕의 계보》는 《선악의 저편》을 읽고 난 뒤 읽기 좋은 책이다. 가장 유명한 니체의 저서이기도 하다. 도덕성에 대한 심도 있는 논증에 관심이 있다면 추천한다. 이 꼭지에서 다룬 르상티망과 도덕성의 노예 혁명에 대해서도 더 깊이 알아볼 수 있다.

Chapter 7

악마 같은 직장 상사
이해하는 법

아렌트의 악의 평범성

아이히만은 어떻게 하면 더 많은 유대인을 더 효율적으로 학대하고 죽일 수 있을지 고민하고 실행에 옮겼다. 아렌트는 그가 가학적이어서 악한 의도를 갖고 일을 한 것이 아니라 '생각 없이' 행동했다고 이야기했다.

미국에서
직장을 다닌다는 것

미국, 특히 실리콘밸리에서 직장 생활을 하다가 한국에 왔다고 하면 가끔 "한국하고는 직장 분위기가 많이 다르죠?"라는 질문을 듣는다. 내게는 참 어려운 질문이다. 나는 한국 직장을 다녀본 경험이 없기 때문에(이 책이 출간된 시점에는 다니고 있을 예정이다) 시원하게 답하기보다는 한국 직장 분위기는 어떤지 되묻곤 한다. 그러면 수직관계의 고충, '꼰대'들의 눈치를 봐야 하는 설움 등을 종종 들려준다.

사실 미국이라고 그런 것이 없다고 하기는 어렵다. 아무리 미국이 자유분방한 문화를 가졌고 대기업 CEO도 신입사원에게 조언을 듣는 곳이라지만, 부서 내 리더와 직급 체계는 한국과 똑같이 존재한다. 금융, 로펌, 테크, 심지어 미디어 쪽에서 일하는 친구의 이야기를 들어봐도 상사는 잘 보여야 하는 존재인 동시에 점심시간에 전화가 오면 체하게 되는 어려운 존재다.

미국에는 존댓말이 없고 회사에서 상사를 이름으로 부

르기도 하니 한국 회사보다 훨씬 더 격식 없고 수평적인 분위기라고 생각할 수도 있다. 실제로 자유로운 분위기인 회사도 많고 팀원에게 친근하게 다가가는 상사도 많다. 하지만 어디에나 예외는 존재하는 법 아니겠는가? 나 역시 예전 직장에서 악인 같은 선배를 만났다.

악한 직장 선배의
기억

새벽 3시, 우리 팀의 팀장 역할을 맡은 선배 릭과 나를 비롯한 팀원들은 어디서 오류가 난 것인지 찾아내기 위해 반쯤 감긴 눈으로 컴퓨터와 씨름 중이었다. 그리고 내 목소리가 드디어 길고 숨 막히던 정적을 깼다.

"릭, 당신이 잘못된 공식을 대입했어요. 여기서는 x와 y가 바뀌어야 해요."

릭의 반응은 내가 기대했던 것과 확실히 달랐다. "글쎄,

네가 잘못 본 것 아니야?"

릭의 대답에 나는 살짝 당황했지만 떨리는 목소리로 주장을 이어나갔다.

"아니요, 여기 이렇게 보시면… 이 오류 때문에 잘못된 숫자가 나왔던 거예요."

내 모니터를 시큰둥하게 보던 릭은 잠시 생각하더니 공식을 고치고서는 아무 말 없이 자기 사무실로 들어가버렸다. 어리고 순진했던 나는 릭의 태도를 전혀 이해할 수 없었다. 앞으로 닥칠 고생길은 더더욱 예상하지 못했다.

그때부터 릭은 내가 아이디어를 내놓으려고 하면 대놓고 싫은 티를 냈다. 어떨 때는 미팅에 아예 초대하지 않기도 했다. 아직도 똑똑히 기억나는 순간은 릭의 판단 오류로 끝내지 못한 업무를 내가 매니저에게 전화로 보고하게 만들었을 때다. 팀장 없이 단독으로 실수를 책임지게 돼버린 상황에 나는 어찌할 줄을 몰랐다. 그저 릭이 나를 부당하게 대우하고 있고 분명히 미워하고 있다는 것을 온몸으로 서늘하게 느꼈을 뿐이었다.

당시 나는 내게 미운털이 박힌 이유를 알 수 없었다. 그때까지 나는 다른 리더와 상사들에게 좋은 평가밖에 들은

적이 없었다. 릭과 함께하는 프로젝트가 빨리 끝나기를 손
꼽아 기다리는 수밖에 없었지만, 내가 일하던 업계에서는
보통 클라이언트의 법적 분쟁이 해결될 때까지 프로젝트
가 계속됐다. 누구나 이름만 들으면 다 알 만한 역사적 분
쟁이었던 그 프로젝트는 끝날 기미가 보이지 않았다. 나는
직장에 나가서도 스트레스를 받고 퇴근해서도 릭을 생각
하며 괴로워했다.

재미있는 사실은 그렇게 릭을 불편해하면서도 릭의 잘
못을 계속 꼬집으며 더 미움받고 싶은 사람처럼 행동했다
는 것이다. 아무리 릭이 여러 가지 방법으로 괴롭혀도 나는
잡초처럼 끝까지 내가 옳다고 생각하지 않는 것에 대해서
는 목소리를 냈다. 변명하자면 나는 비단 릭에게만 그랬던
것이 아니다. 한국에서 잠깐 고등학교를 다녔을 때 선도부
장 선거에 나가서 "잘못한 사람을 정직하고 공정하게 가려
내겠습니다"라고 해서 "깐깐하게 안 하고 눈치껏 잘 봐드
릴게요"라고 한 후보에게 진 사람이 나다.

나는 나름대로 정의롭게 사는 것이 답이라고 생각하고
살아온 탓에 불이익이나 미움도 많이 받았다. 좀 더 융통성
있게 살아도 좋았을 테고 확실히 지금은 예전처럼 행동하

지는 않지만, 내가 살아온 방식을 후회하지 않는다. 옳다고 생각하는 것을 타협하지 않고 산 나 자신이 대견하다. 상처는 많이 받았을지 몰라도 흔들리지 않는 자존감을 형성하는 데 도움이 됐다고 생각한다.

그가 악인이 아니면
내가 잘못했다는 거야?

지금은 이렇게 담담히 돌이켜보지만 당시에는 자존감이고 뭐고 릭 같은 악인이 대체 어떻게 이 회사에 들어와 승승장구하고 있는지부터가 의문이었다. 도저히 혼자서는 이 문제를 해결할 방법이 보이지 않았던 나는 당시 친했던 상사 버지니아에게 이야기를 털어놓았다. 버지니아는 시각 장애인이었지만 비장애인인 누구보다도 더 예리한 눈을 가진 여성이었다. 내 이야기가 끝나기 무섭게 버지니아는 내게 말했다.

"릭은 좋은 리더가 아니야. 네가 자기 능력의 허점을 드러낼까 봐 무서워하는 소인배일 뿐이지. 그는 자기 말에 복종하는 후배들만 필요하고 너같이 비판적으로 생각하는 후배는 싫은 거야."

나는 흥분해서 반박했다. "그저 소인배인데 이렇게까지 나를 힘들게 한다고? 아니야, 내가 보기에 릭은 악해. 내가 쩔쩔매는 모습을 보고 즐기는 것 같아. 지난주에도 내 생일인 걸 분명히 알면서 나한테만 일부러 야근을 시켰어. 크리스마스이브에 새벽 3시까지 혼자 일하면서 내가 얼마나 서러웠는데."

이쯤 이야기했으면 버지니아도 무조건 내 말이 맞다고 해줄 법도 했지만 역시 내 친구라 그런지 그는 순순한 성격이 아니었다.

"줄리, 냉정하게 생각해. 릭이 정말 태생적으로 악한 사람이라 네 불행에서 행복을 얻는 게 아니야. 자기의 부족한 부분이 드러날까 봐, 그래서 승진을 하지 못할까 봐 무서워서 본능적으로 행동하는 것뿐이야."

버지니아의 말이 옳았다. 사실 내가 괴로워했던 이유 중 하나는 릭을 마음껏 미워하는 것이 어려웠기 때문이었다.

릭은 누가 봐도 성실했고, 자기 아내에게는 사랑꾼이었으며, 다른 후배들에게는 좋은 조언을 해주는 평범한 사람이었다. 릭과 같은 팀이 되기 전에 나는 회사에 방문해 모두에게 손수 만든 케이크를 대접한 릭의 아내를 보고 정말 선한 사람끼리 만났다고 생각했던 적이 있었다.

그렇다면 나는 왜 밥 먹듯이 릭을 악인이라고 생각했을까? 나는 사실 릭과 비슷한 두려움을 갖고 있었다. 바로 '나한테 문제가 있는 것 아닐까?' 하는 희미한 의심이었다. 내 상황에서 그런 의심을 전혀 안 하기란 어려웠다. 나는 직장 생활을 처음 하는 햇병아리 사원이었지만 릭은 수년간 그 회사에서 일해왔기에 더욱 그랬다. 그래서 릭을 대단한 악인으로 치부하고 싶었던 것이다. 릭이 악마 같은 사람이라면 나는 순전한 희생양일 뿐이지만 릭이 평범한 사람이라면 그의 행동의 원인을 나 자신에게서 찾아야 할 것 같았으니까. 그런데 아무리 생각해도 상대방은 평범한 사람이고 내게도 큰 잘못이 없다면? 대체 왜 그는 내게 이렇게 잔인하게 구는 것일까?

이런 내 고민에 실마리를 마련해준 것은 대학교에서 공부했던 '스탠퍼드 감옥 실험'과 철학자 한나 아렌트Hannah

Arendt의 책《예루살렘의 아이히만Eichmann in Jerusalem》
이었다.

스탠퍼드
감옥 실험

스탠퍼드에서 한 심리학 실험을 진행했다. 하루에 15달러를 받고 1~2주 동안 캠퍼스에 위치한 가짜 감옥에서 죄수 혹은 간수 역할을 하는 실험이었다. 참가 모집에 지원한 70명 중 건강하고 똑똑한 중산층 남성 24명이 피험자로 최종 선발됐다.

죄수가 되느냐, 간수가 되느냐는 동전을 던져 무작위로 결정했기 때문에 실험 초반 두 그룹 간에는 유의미한 심리학적 차이가 없었다. 참가자 모두 이 상황은 진짜가 아니라 돈을 받고 하는 연극에 불과하다는 것을 시작할 때부터 알고 있었다. 이때까지만 해도 참가자들은 이 실험을 소위

'꿀알바'라고 생각했을지도 모른다.

하지만 실험이 시작되고 죄수 역할의 참가자들에게 눈을 가린 상태에서 옷을 모두 벗으라는 지시가 내려졌다. 나체에 살충제가 뿌려지자 이들은 수치심을 느끼기 시작했다. 그다음 발목에 무거운 체인을 달고 죄수복으로 갈아입었다. 몇몇 참가자들의 앉고 서고 걷는 자세가 바뀌었다. 간수복을 입고 방망이를 손에 쥐게 된 간수 역할의 참가자들도 조금씩 행동거지가 변화하기 시작했다.

초반에는 두 그룹 모두 이것이 실험일 뿐이라는 것을 대체로 인지하는 듯했다. 하지만 실험 둘째 날 죄수 역할의 참가자들은 반란을 일으켰다. 죄수복을 찢고 침대로 바리케이드를 쳐 간수들이 가까이 오지 못하게 막았다. 간수 역할 참가자들을 놀리는 대담함까지 보였다. 아무래도 이 모든 것을 하나의 연극 혹은 놀이처럼 생각했기 때문에 가능한 시도였을 것이다.

간수 역할의 참가자들은 그 반란에 진지하게 대응했다. 죄수들의 옷을 벗기고 리더로 보이는 참가자를 독방에 가둔 것은 물론 죄수들을 강하게 위협하고 괴롭혔다. 나중에는 심리적인 전략까지 이용하기 시작했다. 반항하는 죄수들은 음식을 먹지 못하게 하고 복종하는 죄수들만 반항한 죄수들 앞에서 특별히 맛있는 음식을 먹게 했다. 간수들은 죄수들을 더 이상 단순한 실험 참가자로 보지 않았다. 자신들을 해하려고 작정한 트러블 메이커로 여겼다.

압박과 감시, 폭력의 수위는 점점 높아졌다. 실험 중후반에 간수 역할 참가자들이 죄수 역할 참가자들을 대하는 방식은 실제 간수들의 행동과 별반 다를 것이 없었다. 죄수들은 맨손으로 변기를 청소하고 통에 배변을 해야 했으며 자다가도 불려 나와 팔 굽혀 펴기를 해야 했다. 간수 역할 참가자들이 얼마나 끔찍하게 죄수 역할 참가자들을 세뇌했는지 죄수들 절반은 성직자와의 일대일 인터뷰에서 자신을 이름이 아닌 죄수 번호로 소개할 정도였다.

실험 담당자인 필립 짐바르도Philip Zimbardo 교수는 이 실험에서 간수 역할 참가자 다수가 가학적으로 보였다고 표현했다. 그들은 한 번도 실험이 정한 근무 시간에 늦거나 일찍 나가거나 병가를 낸 적이 없었다. 심지어 그들은 깊은 밤 실험이 진행되지 않고 있는 것 같으면 쉬는 것이 아니라 오히려 죄수들을 더욱 심하게 때리고 괴롭혔다.

6일 동안 진행된 스탠퍼드 감옥 실험이 시사하는 바는

여러 가지다. 그러나 짐바르도의 책《루시퍼 이펙트The Lucifer Effect》에 의하면 이 실험에서 가장 중요한 의문점은 이것이다.

어떻게 평범하고 착한 사람들이 갑자기 악하게 행동할 수 있는가?

보통 그 이유를 유전자나 성격, 인성에 초점을 맞추지만 짐바르도는 외부적인 상황과 시스템이 변화에 더 중요한 역할을 한다고 밝혔다. 내가 회사에서 겪은 일도 비슷한 이치가 아닐까? 릭은 직장이라는 시스템 안에서 팀장으로서 나보다 더 큰 힘을 갖고 있었다. 그 힘을 행사할 수 있는 상황이 계속되자 그것에 익숙해졌을지도 모른다. 릭과 내가 동등한 친구 사이였는데 내가 릭의 눈 밖에 나는 행동을 했다면 릭은 굳이 내게 복수하거나 나를 괴롭히려고 노력하지 않았을 것이다. 지극히 평범하고 심지어 꽤 괜찮아 보이는 사람도 처한 환경과 주어진 권력에 따라 얼마든지 나쁜 행동을 할 수 있다는 말이다.

예루살렘의
아이히만

내 가설에 힘을 실어준 책은 아렌트의《예루살렘의 아이히만》이다. '악의 평범성에 관한 보고서A Report on the Banality of Evil'라는 부제를 가진 이 책은 1961년 예루살렘에서 열린 아돌프 아이히만Adolf Eichmann의 재판을 다룬다. 아이히만은 나치 정권에서 일하며 유대인 몇백만 명을 강제 수용소로 보낸 전범으로, 어떻게 하면 더 많은 유대인을 더 효율적으로 학대하고 죽일 수 있을지 고민하고 실행에 옮겼다.

　이렇게 들으면 엄청난 괴물 같지만 아렌트는 아이히만이 놀라울 만큼 평범한 사람이었다고 밝힌다. 그가 가학적이어서 악한 의도를 갖고 그 모든 일을 저지른 것이 아니라 '생각 없이' 행동했다는 것이다. 아이히만은 조직에서 자신에게 주어진 일을 한 평범한 공무원이었을 뿐 우리의 상상처럼 죽어가는 유대인을 보며 마왕처럼 소름 끼치게 웃는 사람과는 거리가 멀었다.

나는 전 직장에서 담배 회사가 클라이언트인 프로젝트에 참여한 적이 있다. 시작할 때 상사는 "혹시 윤리적인 갈등이 느껴지면 이야기하세요"라고 했다. 컨설팅 회사라는 시스템 안에서, 특히 대학을 갓 졸업한 사원에게 맡겨진 역할은 윤리적인 고민을 하는 철학자가 아니라 그저 맡은 바를 실수 없이 해내는 사람이다. 스탠퍼드 감옥 실험처럼 정장을 입고 회사에 사원증을 찍고 들어가는 순간부터 나는 회사 밖의 나와는 다른 사람이 된다. 따라서 그런 질문을 듣고도 선배들처럼 즉각 "네, 없습니다" 하는 것이 가장 안전하다고 본능적으로 느끼고 행동했다.

나는 열심히 일했다. 통계 프로그램을 열고 데이터를 넣을 때 또 내가 기대했던 결과를 얻을 때 나는 그저 내 역할의 성공만을 생각할 뿐 담배 회사가 합법적으로 더 많은 사람에게 더 유해한 영향을 끼치는 데 도움을 준다고는 전혀 생각하지 않았다. 아이히만도 비슷했던 것일까?

자신이 하는 일이 어마어마하게 많은 사람을 죽음으로 내몬다는 사실을 망각하고 행동하는 것이 과연 가능할까? 혹자는 아이히만이 재판에서만 평범한 사람인 것처럼 행동했을 뿐 사실 뼛속까지 유대인을 증오한 인종차별주의

자라고 말한다. 이 부분에 대해서는 아직까지 논쟁이 이어지고 있다.

나도 아렌트의 아이히만에 대한 평가가 100퍼센트 현실을 반영한다고 생각하지는 않는다. 하지만 악의 평범성이라는 개념에는 동의하는 편이다. 악의 평범성을 떠올린 뒤로 릭의 행동은 여러 면에서 비도덕적이지만 그렇다고 내가 특별히 불쌍하게 악인에게 당한 것은 아니라고 생각하게 됐다. 릭이 평범한 사람인 동시에 나를 괴롭힌 것처럼 많은 평범한 사람이 어떤 시스템에서는 누군가를 괴롭힐 것이다.

내가 오히려 더 중요하게 여기게 된 것은 나 자신의 평범성을 경계하는 것이다. 나는 내 인성이나 도덕성이 특별히 낮다고 생각하지 않고 내 친구들은 내게 좋은 사람이라며 따듯한 말을 해주지만, 그것이 내가 누구에게도 악인이 되지 못한다는 뜻은 아니라는 것을 알고 있다. 나도 특수한 상황에서 얼마든지 악한 행동을 할 수 있다는 것을 항상 인지하고 적극적으로 사유하며 산다면 아이히만처럼 생각 없이 악을 저지르는 일을 피할 수 있을 것이다. 내게 이런 깨달음을 준 릭은 어떻게 보면 악연보다는 인연일 수도 있겠다.

직장 내 괴롭힘을 당하는
당신에게

이 꼭지를 쓰며 몇 번씩이나 수위를 고민했다. 릭은 내가 여기 적은 것보다 훨씬 더 악랄하게 나를 괴롭혔다. 나는 스탠퍼드 감옥 실험에서 죄수 역을 맡았던 참가자들처럼 매일 자존감이 무너지는 것을 느꼈고 이를 회복하는 데 꽤 오랜 시간이 걸렸다. 이 글을 쓰면서도 여러 번 눈물을 흘린 내가 "다 괜찮아질 것이다" 혹은 "그냥 당당하게 행동하라"고 단언하는 것은 경험자로서 너무 무책임한 발언이라고 생각한다.

나는 이 글이 나아가 이 책 전체가 당신에게 위로가 되고 힘이 되기를 바란다. 우리에게 일어나는 일은 어떻게 할 수 없다. 하지만 우리는 세상에 복수하듯 이를 답습할 것인가 아니면 이를 토대로 오히려 더 선한 사람이 될 것인가를 선택할 수 있다. 나와 함께 용기를 내 후자를 택하는 당신이 됐으면 좋겠다.

Chapter 8

회사에서
언어게임 승자 되는 법

비트겐슈타인의 언어게임

철학자들은 전통적으로 언어가 세상에 존재하는 뭔가를 나타낸다고 생각했다. 하지만 비트겐슈타인은 '단어의 의미는 그 단어가 사용되는 방식'이기 때문에 단어의 의미를 탐구할 때는 여러 쓰임새를 고루 고려해야 한다고 이야기했다.

다 된 인터뷰에
재 뿌리기

면접관이 "무엇을 하는 것을 좋아하십니까?"라고 묻는다면 뭐라고 답하겠는가? 소개팅에서 같은 질문을 받았을 때, 온라인 익명 채팅에서 같은 질문을 받았을 때와는 다르게 답변할 것이다. 적어도 면접에서는 "집에서 누워서 넷플릭스 보는 게 세상에서 제일 행복해요"라고 솔직하게 답변해서는 안 된다. 알다시피 면접에서 이 질문은 '현재 지원하는 자리에 도움이 될 만한 혹은 최소한 관련이라도 있는 취미 혹은 관심사를 알려달라'는 의미이지 말 그대로 가장 좋아하는 활동을 묻는 것이 아니기 때문이다. 그렇다면 왜 곧바로 이렇게 묻지 않는 것일까? 처음부터 제대로 물어보면 아무런 오해의 소지가 없지 않을까?

바로 과거의 나 같은 인간도 있기 때문이다. 대학 졸업을 앞두고 한창 취업 활동에 매진할 때 이야기다. 나는 그때 내가 하고 싶은 것이 정확히 무엇인지 아직 모르는 상태였다. 다만 주위에서 컨설팅을 잘할 것 같다고 하고 나도 관심 없는 분야는 아니다 보니 무턱대고 컨설팅 회사에 원서를 넣어봤다. 이름 있는 컨설팅 회사들은 캠퍼스에서 인터뷰를 한 뒤 합격자를 추려 회사로 초대해 다시 면접을 보는데, 지금 생각하면 소위 말해 '이불킥'을 해야 하는지 귀엽다고 스스로 머리를 쓰다듬어야 하는지조차 모르게 어이없는 방법으로 다 차려놓은 밥상에 재를 뿌린 인터뷰가 하나 있다.

처음 면접실에 들어가 면접관과 악수를 하면서 뭔가 잘될 것 같다는 느낌이 왔다. 면접관은 내 답변에 호의적이었고 인터뷰 내내 중간중간 농담을 주고받느라 웃음이 끊이지를 않았다. 심지어 인터뷰 중간에 "너는 정말 카리스마가 타고났구나!"라고 칭찬받기도 했다(영어로 카리스마는 한국에서 사용하는 의미와는 약간 다르게 다른 사람을 끌어당기는 능력 전반을 칭한다). 아무리 생각해도 이번 인터뷰는 성공이라고 확신하려던 차 예상치 못한 질문이 날아왔다.

"혹시 요즘 열정을 갖고 파고 있는 것 있어? 공부라든지, 취미라든지."

나는 별 고민 없이 자신 있게 입을 열었다. 그리고 입을 닫을 때쯤 굳어진 면접관의 얼굴을 봤다. 내가 정확히 뭐라고 했는지는 기억이 나지 않지만 분명한 것은 내가 얼마나 윤리학을 좋아하는지, 윤리가 내게 얼마나 중요한지를 열정적으로 피력했다는 것이다.

'그게 무슨 문제지?' 하고 고개를 갸우뚱거릴 수도 있고 한숨을 내쉴 수도 있을 것이다. 컨설팅 회사가 전부 비윤리적이라는 뜻은 아니지만 다양한 업계의 클라이언트가 다양한 방법으로 이득을 볼 수 있게 하는 것이 컨설턴트의 역할이다. 많고 많은 답변 중에 굳이 나를 윤리적으로 깐깐하고 융통성 없는 사람으로 오해하게 할 답변을 고를 필요는 없었다.

갑자기 차가워진 공기에 어리둥절해진 당시의 나는 이 설명을 한 선배에게 듣고 난 뒤에야 자초지종을 이해할 수 있었다. 면접관은 정말 내가 어떤 일에 열정을 가졌는지 궁금해하기도 했지만 내가 질문의 의도와 맥락을 파악하고 적합한 답을 내놓을 만한 능력이 있는 사람인지 테스트하고 싶어 했던 것이다.

그 면접에서 나는 솔직하고 당당했을지는 몰라도 '언어게임'에서 패배했다. 오징어 게임도 아니고 언어게임이 뭐냐고? 지금 바로 설명하겠다.

비트겐슈타인의
언어게임

루트비히 비트겐슈타인Ludwig Wittgenstein이 세상을 떠난 뒤《철학적 탐구Philosophische Untersuchungen》가 출판됐다. 이 책이 출간되기 전 철학자들은 전통적으로 언어가 세상에 존재하는 뭔가를 나타낸다고 생각했다. 예를 들어 아우구스티누스는 누군가가 특정 단어를 외치고 그 단어가 나타내는 물체에 다가가면 마음속에서 그 단어와 물체를 연결하는 것에서 언어 습득이 시작된다고 봤다. 단어의 의미를 그 단어가 쓰인 문장 외부에서 찾는 것이다. 하지만 비트겐슈타인은 다르게 접근했다. 그는 '단어의 의미는 그 단어가 사용되는 방식'이기 때문에 단어의 의미를 탐구할 때는 여러 쓰임새를 고루 고려해야 한다고 이야기했다.

비트겐슈타인의 예시를 하나 들어보겠다. 건축 현장에 건축가 A와 조수 B가 있다고 해보자. A가 B에게 "슬래브Slab!(콘크리트를 부어서 한 장의 판처럼 만든 구조물)"라고 외친다. 그 말을 들은 B는 "응, 맞아. 여기에 슬래브가 있지" 하고 가만히 있을까? 아마 자연스럽게 옆에 있는 슬래브를 들어 A에게 건네줄 것이다. 이는 '슬래브'라는 단어의 의미가 A와 B의 건축 활동이라는 맥락 안에서 생성된다는 것을 보여준다.

비트겐슈타인은 이런 의미로 언어를 언어게임Sprachspiel이라고 표현했다. 단어를 공이라고 해보자. 공을 갖고 하는 게임에서 오직 공만 관찰하면 게임을 이해할 수 없다. 공이 그 게임에서 어떤 역할을 하는지가 더 중요하다. 공을 갖고 하는 게임은 여러 가지가 있다는 점도 눈여겨봐야 한다. 공으로 사람을 맞추는 피구가 있는가 하면 공을 네트에 넣는 축구나 농구도 있고 공을 최대한 멀리 날려 보내는 골프도 있다. 공 자체에만 집중한다면 공을 사용하는 여러 가지 게임의 본질이 무엇인지는 놓치게 될 것이다.

A와 B의 예시로 돌아와서 A가 "슬래브 세 장"이라고 했다고 해보자. 이는 슬래브 세 장을 갖다 달라는 부탁일 수도 있고 슬래브 세 장을 갖고 있다는 보고일 수도 있다. 이렇게 비트겐슈타인은 농담, 감사, 기도, 추측, 연기, 통역, 욕설 등 문장이 가질 수 있는 많고 많은 의도에 관해 이야기했다. 한 문장이 어떤 의미로 받아들여질지는 현재 진행되

는 언어게임이 무엇인지에 따라 그때그때 달라진다. 병원에서 의사가 환자에게 병명을 설명하는 상황에서는 말 그대로 해석하는 것이 적합하겠지만, 스탠드업 코미디에서 코미디언과 관객이 즉흥적으로 하는 대화에서는 의미를 해석하는 방식이 바뀔 것이다.

회사의
언어게임

앞서 말한 면접이라는 언어게임을 무사히 통과해도 입사하면 또 새로운 언어게임이 펼쳐진다. 어떤 언어게임이 진행되고 있는지 혹은 언어게임이 진행되고 있다는 사실을 인지하는 것 자체만으로도 회사에서 잘 살아남을 수 있다. 그뿐만 아니라 자신을 더 잘 보호할 수 있다. 언어게임이 진행되는 대표적인 상황 세 가지를 살펴보자.

첫 번째 상황이다. 자, 팀장과의 면담 중 "일하는 게 너무

느려요. 다른 팀원하고 커뮤니케이션이 적고 독단적으로 일하는 경향이 큰 것 같아요"라는 말을 들었다고 해보자. 언어게임을 고려하지 않고 말 그대로 해석한다면 나는 일 머리도 없고 독단적인 사람이 됐을 뿐만 아니라 나를 낳아주지도 않은 사람에게 그런 말을 듣고 수긍해야 하는 처지에 있다. 얼마나 억울하고 자존심이 상하는가?

이럴 때 속으로 '이건 비트겐슈타인의 언어게임이야'라고 되뇌어보자. 당신은 지금 사랑하는 가족이나 배우자, 친구에게 당신의 인간으로서의 가치를 평가받는 것이 아니다. 회사라는 조직에서 업무의 효율을 높이기 위해 달라져야 하는 부분을 전달받고 있을 뿐이다. 다시 말하면 면담에서 팀장이 당신의 단점을 말하는 것은 '요청'이다. 팀장이 당신이 싫어서, 당신에게 그냥 상처를 주고 싶어서 하는 저주나 악담일 가능성은 희박하다.

평가를 위한 평가는 회사에서 있을 수 없다. 회사가 문을 닫기 전날 하는 면담은 존재하지 않는다. 따라서 엄밀히 말하면 평가를 전달하는 행위의 궁극적 의도는 평가가 아니다. 면담의 유일한 목적은 미래의 행동 변화를 이끌어내기 위함이므로 요청에 가장 가깝다. 그러니 "일을 더 빨리 해줄 수 있겠습니까? 그리고 번거롭겠지만 팀원하고 커뮤니케이션을 더 잘하면 모두에게 도움이 될 것 같으니 부탁드립니다"라고 언어게임의 맥락에 맞춰 해석해야 한다. 그래야 불필요한 오해나 감정 소모를 최소화할 수 있다. 물론 그 부탁을 들어줄지 안 들어줄지는 당신에게 달렸다. 여느 부탁을 들을 때와 같이 여유로운 태도로 "잘 알겠습니다. 최대한 노력하겠습니다"라고 대답하면 된다. 처음에는 어려울지 몰라도 비트겐슈타인을 떠올리다 보면 어느샌가 언어게임에 적응하게 될 것이다.

두 번째 상황은 업무 중 사적인 대화를 나눌 때다. 직장인이든 프리랜서든 함께 일하는 사람들과 사적인 안부나 질문을 주고받을 때가 있다. 이때 역시 똑같은 질문이라도 가족이나 친구와의 언어게임과는 다른 언어게임에 참여하고 있다는 사실을 잊으면 안 된다.

미국에서는 "How are you?(잘 지내고 있어요?)"를 매일 인사처럼 한다. 한국어에는 이와 정확하게 같은 말은 없는 것 같다. 매일 보는 사람에게 "어떻게 지내?"라고 묻는 경우는 없다. "지금 기분이 어때?" 같은 질문은 더더욱 어색하다. 하지만 실리콘밸리에서 직장을 다닐 때 나는 하루에도 몇 번씩 "How are you?"에 답해야 했다. 아무리 슬픈 일이 있거나 겨우 오피스에 앉아 멘털을 붙잡고 있어도 "How are you?"에 옳은 대답은 항상 "Great, Thanks! You?(좋아, 고마워! 너는?)"였다.

회사에서 "How are you?"는 두 가지 언어게임으로 나뉜다. 상사에게 듣는 경우는 업무 점검, 동료에게 듣는 경우는 최소한의 예의 표현이다. 따라서 상사에게는 휴가를 사용해야 하거나 업무에 가시적인 지장이 있을 일을 보고해야 하는 경우가 아니라면 긍정적으로 대답하는 것이 맞다. 동료와의 대화에서는 언어게임을 망각하기 쉬운데, 사회생활 경험이 있다면 알겠지만 사람들은 당신이 조금이라도 솔직하게 대답하는 순간 게임이 바뀐 것처럼 사적인 이야기를 더 캐물을 것이다. 거기에 넘어가 사생활을 떠벌린다면 언어게임을 파악하지 못하고 가십거리를 떠먹여준 순진한 동료가 될 수 있으니 조심하라.

직장 동료 누구와도 사적인 이야기를 하지 말라는 이야기가 아니다. 다만 회사라는 공간은 언어게임이 철저히 진행되는 곳이기 때문에 헷갈릴 때는 신중하게 행동하자.

세 번째는 이메일의 언어게임이다. 업무 요청 이메일에

상사나 다른 사람들이 참조돼 있으면 일단 긴장하게 된다. 참조는 단순히 '이 사람도 이 이메일을 받았습니다'라는 의미가 아니다. 비트겐슈타인의 관점대로 모든 언어의 의미는 어떻게 사용되느냐에서 찾아야 한다.

회사 이메일에서 참조는 자신의 주장을 관철하거나 수신자에게 부탁을 들어주기를 강력히 요구할 때 주로 사용된다. 자칫 기 싸움으로 번질 위험이 있는 상황이라면 이메일을 과감히 포기하는 것도 좋은 방법이다. 전화하거나 직접 찾아가 대화하면 참조의 효력이 없어지고 참여자가 줄면서 언어게임의 분위기도 새롭게 정의된다.

이렇게나 유용한 비트겐슈타인에 입문하고 싶다면…

비트겐슈타인은 1889년에 태어난 오스트리아의 철학자로, 논리, 언어, 정신, 종교, 윤리, 미학을 아우르는 방대한 범위의 철학에 깊은 영향을 끼친 천재로 유명하다. 비트겐슈타인을 몇십 년간 공부한 철학자들 사이에도 비트겐슈타인을 어떻게 이해해야하는지에 대한 논쟁이 끊이지 않을 만큼 그의 연구가 어려운 것은 사실이다. 하지만 이 꼭지에서 소개한 것처럼 비트겐슈타인의 철학적 개념이나 주장 몇 가지를 대략적으로만 이해해도 세상에 관해 또 사유하는 방법에 관해 새로운 지혜와 관점을 얻을 수 있다.

비트겐슈타인의 철학은 크게 전기와 후기로 나눌 수 있다. 전기 철학은 《논리철학논고Tractatus Logico-Philosophicus》에 가장 잘 나타나 있고, 후기 철학은 《철학적 탐구》에서 읽을 수 있다. 《철학적 탐구》에서는 《논리철학논고》의 주장을 반박하기도 하므로 둘을 함께 읽는 것이 정석이다. 욕심이 있다면 비트겐슈타인의 강의록을 묶은 《청색 책The Blue Book》까지 추천한다. 다만 무작정 읽었다가 당최 무슨 말인지 몰라 영원히 포기해버리는 불상사를 막기 위해 중간중간 비트겐슈타인 전문가의 해설서를 참고할 것을 적극 추천한다. 사울 크립키Saul Kripke의 《비트겐슈타인 규칙과 사적 언어Wittgenstein on Rules and Private Language》가 가장 유명하고 중요하기는 하지만, 이 역시 만만찮으므로 입문서부터 시작하는 것도 좋다. 여러 권을 읽었는데 무슨 이야기인지 모르겠다고 해도 이해력 문제가 아니니 걱정 마라. 비트겐슈타인을 나름대로 이해해보려는 시도 자체가 철학 능력을 대폭 상승시킬 테니까.

Chapter 9

상대의 무지를
대화로 깨우치는 법

소크라테스의 대화법

산파술로 널리 알려진 소크라테스의 대화법은 사람들에게 자신의
무지 혹은 권위에 의존하려는 태도를 깨닫게 했다. 모르는 것을 깨
닫고 진리로 나아가는 소크라테스의 대화법은 오늘날 인문학 교육
과 인문학이 지향하는 삶의 자세의 기본이 됐다.

스탠퍼드에서 만난
소크라테스

스탠퍼드 예비 입학생이 받는 책자를 보면 기숙사 배정은 랜덤이지만 예외가 있다고 나온다. 바로 슬리 혹은 프로소코FroSoCo 배정을 말하는 것이다.

프로소코는 보통 '너드nerd 기숙사'로 잘 알려져 있는데, 메인 캠퍼스와 한참 떨어져 있어 공부하기 딱 적합한 기숙사다. 스탠퍼드에서도 혀를 내두를 정도로 공부를 좋아하는 학생들이 지원하곤 한다.

프로소코가 기숙사 이름이라면 슬리는 스탠퍼드의 특별한 인문학 프로그램 이름이다. 지원자는 많지만 합격자는 70명밖에 되지 않는다. 선발되면 1년간 전용 식당이 있는 기숙사 건물에서 생활하며 이수 학점의 반 이상을 해당 인문학 수업으로 채워야 한다.

슬리의 인문학 수업은 일괄적인 커리큘럼으로 구성돼 있다. 수업에서 주제마다 최고 권위자인 교수님이 직접 와서 강의를 한다. 같이 사는 친구들과 모두 같은 수업을 들는데, 종일 밖에 나갈 필요도 없이 기숙사에서 강의를 수강한다. 1년 동안 이렇게 생활하고 나면 인문학은 더 이상 교양이 아닌 하나의 삶의 방식이 된다.

앞서 잠깐 언급했듯이 나도 슬리를 들었다. 프로그램 첫날 첫 수업의 포문을 연 것은 소크라테스였다. 이 수업을 진행한 롭 라이히Rob Reich 교수님은 스탠퍼드 내외에서 훌륭한 교육자에게 주는 상을 여러 번 수상한 유명한 교수님이다. 라이히 교수님은 소크라테스 대화법을 교육에 적용하는 방법을 다른 교수님들에게 강의할 정도로 소크라테스 대화법을 특히 중요하게 여겼다.

소크라테스는 기원전 5세기 고대 그리스에 살았던, 역사상 가장 영향력이 큰 철학자다. 소크라테스가 직접 쓴 책은 아무것도 없으나 그의 제자 플라톤Plato과 크세노폰Xenophon이 기록한 소크라테스의 대화와 가르침이 후세까지 전해 내려온다.

기록에 따르면 소크라테스는 아테네 광장에서 지식인, 정치인, 젊은이들과 대화하며 진리 탐구에 매진했다고 한다. 그런데 그를 추종하는 젊은이가 얼마나 많았는지 젊은이들을 타락시킨 죄로 법정에 서게 됐다. 이어진 항변에도 불구하고 소크라테스는 결국 사형 선고를 받아 생을 마감했다.

소크라테스는 열렬히 존경받은 동시에 열렬히 미움받은 인물이다. 오늘날 '산파술'로 널리 알려진 그의 대화법은 사람들에게 자신의 무지 혹은 권위에 의존하려는 태도를 깨닫게 했는데, 누군가에게는 이것이 큰 선물이었지만 또 다른 누군가에게는 성가시게 달라붙는 벌레처럼 눈엣가시였다. 당대의 엇갈린 평가와 별개로, 모르는 것을 스스로 깨닫고 진리로 나아가는 소크라테스 대화법의 과정은 오늘날 인문학 교육과 인문학이 지향하는 삶의 자세의 기본이 됐다.

시간이 지날수록 나는 슬리 첫 수업의 주제가 소크라테스 대화법인 이유를 깊이 이해하게 됐다. 소크라테스 대화법은 자칫 그냥 넘어가기 쉬운 상대의 무지나 오류를 파악하고 깨우치는 기술이기 때문이다. 또 대화나 토론 능력을 한 단계 업그레이드해주는 기술이기도 하다.

그렇다면 대체 소크라테스 대화법이 무엇이며 어떻게 이를 적용할 수 있는지, 플라톤의《에우튀프론Euthyphrōn》에 등장하는 예시를 통해 살펴보자.

소크라테스 대화법
배우고 적용하기

고대 아테나의 예언자였던 에우튀프론은 자기 아버지가 노예를 부리다 고의로 죽게 한 것을 보고 아버지를 기소했다. 그리고 소크라테스에게 '이 행동이 바로 경건한 행동이 아니겠느냐'고 이야기한다. 고대 그리스에서 경건한 행동은 곧 윤리적인 행동이었기에 에우튀프론의 이야기는 윤리적인 삶을 탐구하기를 좋아하던 소크라테스에게 귀가 솔깃한 주제였다.

에우튀프론이 경건함이 무엇인지 잘 알고 있다는 태도를 보이자 소크라테스는 '잘못된 행동을 한 사람을 기소하는 것은 경건함의 예시일 뿐이지 경건함을 정의하지는 못한다'고 대답한다. 그러자 에우튀프론은 경건함이란 '신들이 옳다고 생각하는 것'이라고 정의한다. 여기서 대충 수긍하며 "그렇구나. 너 정말 경건함에 대해 잘 알고 있구나"라고 넘어간다면 소크라테스가 아닐 것이다.

여기서 소크라테스 대화법의 기본인 '어물쩍 넘어가지

않기'를 발견할 수 있다. 사람들은 보통 자신의 무지를 자각하지 못할 때가 많다. 정말 자신이 뭔가 알고 있다고 착각하기 때문에 그런 양 말하고 행동한다. 그래서 한 예로 전체를 일반화하거나 어떤 개념을 정확히 알지 못하면서 마치 아는 것처럼 이야기하기도 한다. 그럴 때 상대가 그것을 정말 아는지 모르는지 알아내는 가장 좋은 방법은 더 자세하게 설명해달라고 부탁하는 것이다. 소크라테스가 에우튀프론에게 경건함의 예시 말고 정의를 알려달라고 한 것처럼 말이다.

소크라테스는 에우튀프론에게 (뜬금없게도) '신들 간에 싸움이 일어난다고 믿는지' 묻는다. 고대 그리스의 신들은 서로 싸우기도 한다고 알려져 있기에 에우튀프론은 '믿는다'고 대답한다. 소크라테스는 '그렇다면 신들이 싸울 때 무게나 길이같이 객관적인 것을 가지고 싸우는지' 묻는다. 에우튀프론은 '객관적인 것을 가지고는 싸울 일이 없을 것'이라고 답한다. '객관적인 것으로 싸우지 않는다면 주관적인 것 때문에 싸운다는 말이냐'는 소크라테스의 다음 물음에 에우튀프론은 또 '그렇다'고 답한다.

그다음 이어진 소크라테스의 질문에서 아마도 에우튀프

론은 자신의 논리에 결함이 있다는 것을 눈치채지 않았을까? 그 질문은 바로 "그렇다면 옳고 그름은 주관적인 가치인가?"이다. 물론 에우튀프론은 '그렇다'고 답한다. 이에 소크라테스는 이렇게 묻는다.

"그렇다면 신들이 옳고 그름을 놓고 싸운다는 것인데, 그 말인즉슨 옳고 그름에 대해 서로 의견을 달리한다는 것이 아닌가?"

여기서 에우튀프론의 답변은 또 '그렇다'일 수밖에 없다. 이를 부정하면 같은 행동을 두고 어떤 신들은 옳다고 여기고 어떤 신들은 옳지 않다고 여긴다는 뜻이 되기 때문에 결국 같은 행동이 경건한 동시에 경건하지 않다는 말이 된다.

소크라테스는 학생이 선생님을 대하듯 에우튀프론에게 계속 질문을 던질 뿐 특정한 답을 정해놓고 가르치려 들지 않는다. 소크라테스 대화법에서는 '내가 한 수 가르쳐야겠다'는 자세를 취하기보다는 질문을 통해 상대의 사고 과정을 더 깊이 이해하려고 노력해야 한다. 상대의 주장에 오류가 있다면 질문과 답변에서 드러나기 마련이다.

예를 들어 상대가 A는 B라고 주장한다고 해보자. "A와 B는 달라!"라고 하는 것은 논쟁 혹은 일방적인 가르침이지 소크라테스 대화법이 아니다. A는 C인지 묻고 그렇다고 한다면 B는 C인지 묻는 것이 소크라테스 대화법에 가깝다. 만약 두 질문의 대답이 서로 다르다면 내가 굳이 지적하지 않아도 상대는 자신의 주장이 틀렸다는 것을 저절로 깨달을 것이다. 그리고 만약 두 질문의 대답이 같고 그 근거가 충분하다면 이는 상대와 나 모두 그 주제를 더 깊이 생각해볼 기회가 된다. 소크라테스 대화법은 상대를 내가 원하는 답으로 유도하는 것이 아니라 함께 답을 찾아가는 과정이다.

에우튀프론은 소크라테스와의 대화로 그동안 자신이 경건함의 의미를 정확하게 알고 있다고 생각했으나 사실은 그렇지 않았다는 것을 깨달았다. 소크라테스는 그에게 다시 '경건함을 정의해달라'고 요청한다. 그러자 이번에는 경건함이 '모든 신이 옳다고 여기는 것'이라고 답한다.

소크라테스는 경건함의 정의를 더 깊이 파고들고 싶어 했다. 그는 여기서 '경건한 것은 경건하기 때문에 신들에게 옳다고 여겨지는 것인지, 거꾸로 신들이 옳다고 여기기 때문에 경건한 것인지'를 묻는다. 이 질문에 에우튀프론이 '전자'라고 답하자, 그렇다면 "신들이 옳다고 여기는 것은 경건함의 '결과'가 아닌가?"라고 되묻는다. 소크라테스는 경건함의 '본질'을 물었지만 에우튀프론은 경건하면 일어나는 일, 즉 신들이 옳다고 여긴다는 '결과'를 답했다는 점을 보여준 것이다.

에우튀프론이 새로 정의한 경건함에 대해 소크라테스는 다시 한번 깊이 파고든다. '모든 신이 옳다고 여기는 것'이라는 대답에 만족하고 넘어가지 않고, 경건함과 신들의 승인 사이의 인과관계를 궁금해한 것이다. 그 결과 에우튀프론은 자신의 정의가 본질을 다루지 않았다는 점을 스스로 깨달았다. 소크라테스와의 대화가 없었다면 에우튀프론은 자신이 경건함에 대해 잘 안다고 착각하고 지냈을지도 모른다.

다시 한번 강조하지만 소크라테스는 에우튀프론의 오류를 지적해 부끄럽게 만들지도, 자신이 생각하는 경건함이 무엇인지 이야기하지도 않았다. 소크라테스 대화법은 내 생각을 관철하는 것이 아니라 상대의 생각을 탐구하는 과정이다.

실리콘밸리에도
소크라테스가 필요하다

소크라테스 대화법은 실리콘밸리에서 특히 필요한 기술이다. 혹시 '불숏bullshit'이라는 단어를 들어봤는가? 영한사전은 보통 '개소리'라고 번역하지만, 주로 '그럴듯해 보이지만 내실이 없거나 거짓된 말' 정도로 사용한다. 예를 들어 "Stop bullshitting!"은 상황에 따라 "거짓말 그만해!" 혹은 "알지도 못하면서 아무 말이나 늘어놓지 마!"로 해석할 수 있다. 또 "I will bullshit my way through the meeting"은 '미팅 내내 대충 그럴듯한 말을 하며 상황을 모면하겠다'는, 직장인의 흔한 의지를 담은 문장이다.

불숏이 얼마나 자주 쓰는 단어고 보이는 행동인지, 현대 도덕철학의 거장 해리 프랭크퍼트Harry Frankfurt는 《개소리에 대하여On Bullshit》라는 책까지 썼다. 불숏을 '진실 여부와는 상관없이 남을 설득하려는 행동'이라고 설명하며 말이다.

내 경험상 실리콘밸리에서 불숏은 '아는 척'에 가장 가깝다. 아는 척은 뭔가를 정말 안다고 생각해서 나오는 태도일 수도 있고 모르는 것을 감추기 위한 처세술일 수도 있다. 어느 쪽이든 창업자 혹은 창업 꿈나무가 바글바글한 실리콘밸리에는 창업 성공에 꼭 필요한 요소인 자신감을 내공이 아닌 불헛으로 채우려는 사람들이 많다. 이를 보통 '창업자 불헛founders bullshit'이라고 하는데, 말 그대로 '아는 척하는 창업자'다.

이런 단어가 등장한 이유가 있다. 자신의 창업 아이템이 왜 특별하고 앞으로 어떻게 수익을 창출해낼 것이며 어드바이저가 얼마나 대단한 사람인지 떠드는 사람들의 이야기를 잘 들어보면 소위 말해 '약 파는' 사람들이 끼어 있기 때문이다. 이 창업자 불헛을 잘 걸러내는 것이 실리콘밸리의 평생 과제라고 할 수 있다.

약 파는 이야기가 나왔으니 말인데 약은 아니지만 손가락을 찔러 얻은 피 몇 방울로 건강 상태와 질병 여부를 판단하는 테스트를 사업화한 사람이 있다. 바로 엘리자베스 홈스Elizabeth Holmes다. 홈스는 스탠퍼드를 중퇴하고 2003년 테라노스를 창업해 서른 살에 최연소로 10억 달러대 자산을 달성한 여성이 됐다(정확히 말하면 45억 달러 정도였다고 한다). 그런데 불과 12년 뒤인 2015년《포브스Forbes》가 측정한 테라노스의 가치는 0, 즉 제로 달러가 됐다. 대체 무슨 일이 일어난 걸까?

엘리자베스 홈스는 천재도, 제2의 스티브 잡스도 아닌 불헛 창업가의 표본이었다. 테라노스의 기술은 사실상 사기였기 때문이다. 그는 법률상 허점을 이용해 테라노스의 기계들은 FDA 승인을 받지 않아도 된다고 주장했다. 테라노스의 기술이 어떻게 작동하는지를 제약회사에 증명하지 못하자 홈스는 미국에서 두 번째로 거대한 약국 체인인 월그린스Walgreens와 스탠퍼드가 위치한 팔로 알토에서 직접 미팅을 가져 파트너십을 맺는 데 성공했다.

이 과정에서 홈스가 가장 많이 한 일은 무엇이었을까? 바로 불헛, 즉 아는 척이다. 혁신적인 기술을 정확히 알고 있는 척해 실리콘밸리의 셀럽이 된 것이다. 그리고 실리콘밸리, 나아가 미국 소비자들은 홈스의 불헛에 넘어갔다. 하지만 여느 사기 행각이 그렇듯 홈스의 아는 척 역시 곧 사기라는 것이 발각됐고, 홈스는 2022년 말 징역 11년 3개월형을 선고받았다.

홈스의 사기 행각이 발각되기 전 그의 CBS 인터뷰를 보면 불씨를 명확히 감지할 수 있다. 사람들이 테라노스의 기술을 의심하는 것에 대해 어떻게 생각하느냐는 질문에 그는 "사람들의 의심은 우리 기술의 혁신성에 대한 반증이다"라고 답한다. 인터뷰어는 고개를 끄덕이고 다음 질문으로 넘어갔지만 소크라테스라면 절대 그냥 넘어가지 않았을 것이다. 소크라테스는 홈스가 정말 테라노스의 기술을 잘 알고 있는지 확인하기 위한 대화를 이어나갔을 것이다. 아마도 "의심할 만해서 의심을 받는 경우도 있는가?"라는, 동의할 수밖에 없는 질문으로 시작하지 않았을까?

불씨 창업가는 많은 실리콘밸리의 VC와 CEO가 왜 철학의 효용 가치를 강조하며 철학을 공부하는지 깨닫게 해준다. 실리콘밸리에도 소크라테스가 필요하다.

소크라테스 대화편에 입문하고 싶다면…

소크라테스 대화편은 고대 그리스의 문학 장르로, 주로 소크라테스와 다른 사람들의 대화를 엮은 글을 일컫는다. 소크라테스가 직접 쓴 글은 아니지만 플라톤처럼 소크라테스를 추종했던 사람들이 기록한 것으로 알려져 있다.

플라톤의 《국가론Politeia》은 플라톤의 저서 중 가장 유명하고 널리 읽힌 대화편이다. 소크라테스가 말하는 정의로운 삶 그리고 행복한 삶이 무엇인지 알고 싶다면 꼭 읽어보라.

플라톤의 《소크라테스의 변론Apologia Socratis》은 내가 개인적으로 가장 좋아하는 소크라테스 대화편이다. 사형 위기에 처한 소크라테스가 침착하게 또 열정적으로 자신을 변호하는 모습에 큰 감명을 받았다.

Chapter 10.

리더로서 사랑받으려 애쓰지 않는 법

마키아벨리의 《군주론》

마키아벨리는 군주가 살아남으려면 '나쁘게 행동하는 법'을 알아야 한다고 이야기한다. 그리고 그 이유로 표면적으로 도덕적으로 보이는 것이 사실은 그렇지 않을 수 있으며 그 반대의 경우도 충분히 있을 수 있다는 점을 든다.

마키아벨리의 걸작
《군주론》

2020년 방영한 드라마 〈이태원 클라쓰〉는 모든 일을 원칙적이고 도덕적으로 해결하는 주인공 박새로이가 야비하고 악독한 행위를 일삼는 장가 부자에 복수하는 이야기를 그려내 세계적인 인기를 끌었다. 이렇게 선과 악을 대립시키고 선이 마지막에 승리하는 모습을 보여주는 구도가 흔한 이유는 사람들이 이를 마땅하다고 여기기 때문이다. 경영자든 정치가든, 하다못해 학급 회장이라도 이왕이면 선하고 도덕적인 사람이 해야 한다고 생각한다. 이것은 비단 현대 한국에 국한된 믿음이 아니다. 중세 유럽에서도 도덕성이 뛰어난 사람이 통치자가 돼야 한다는 의견이 팽배했다. 그런데 이를 비판하고 통치자가 가져야 할 가장 큰 덕목은 도덕성이 아닌 '국가 유지'라고 대담하게 주장한 사람이 있었다. 바로 니콜로 마키아벨리Niccolò Machiavelli다.

마키아벨리는 1469년 피렌체에서 태어나 1498년부터 제2서기관으로서 피렌체 공화국의 외교 업무를 수행했다.

그가 쓴 편지나 보고서 등을 보면 예리한 분석력을 가지고 활발하게 정치 활동을 했다는 것을 알 수 있다. 하지만 그 활동은 오래가지 못했다. 마키아벨리는 1513년 당시 막 정권을 잡았던 메디치 가문을 해할 음모를 꾸몄다는 누명을 쓰고 몇 주간 옥살이를 했다. 그는 곧바로 은퇴하고《군주론Il Principe》을 집필했다.

사실《군주론》은 대중 철학서라기보다는 메디치가의 권력자를 위해 쓴 글이다. 마키아벨리를 철학자라고 부르는 것이 옳은지에 관해서도 논란이 적지 않다. 그의 글은 논리보다 경험을 기반에 둔 실용문에 가깝기 때문이다. 그러나 후대 철학자들이 마키아벨리를 정치철학에 한 획을 그은 사상가로 받아들이고 연구하고 있다는 사실은 부인할 수 없다.

《군주론》은 비단 중세 시대의 정치인뿐만 아니라 오늘날 현대인에게도 적용할 수 있는 실용적 조언과 철학으로 넘쳐나는 책이다. 마키아벨리는 군주가 살아남으려면 '나쁘게 행동하는 법how to do wrong'을 알아야 한다고 이야기한다. 언뜻 보면 악독한 군주가 되라는 말처럼 보인다. 하지만 오늘날 마키아벨리즘machiavellism이 '수단과 방법을 가리지 않고 성공을 좇으라는 신념'으로, 마키아벨리안

machiavellian이 '비도덕적이고 교활한'이라는 뜻으로 쓰이는 것은 마키아벨리의 의도를 일부 곡해했기 때문이다. 그는 나쁘게 행동하는 법을 알아야 하는 이유로 표면적으로 도덕적으로 보이는 것이 사실은 그렇지 않을 수 있으며 그 반대의 경우도 충분히 있을 수 있다는 점을 든다. 이런 철학이 녹아든 마키아벨리의 지침이 어떻게 우리의 삶에 적용될 수 있는지 살펴보자.

착하다는 평판보다
착한 결과를 내는 데 집중하라

《군주론》에서 마키아벨리는 너그럽다는 평판을 좇는 군주들에게 이렇게 조언했다. 평판을 유지하려면 계속해서 너그럽게 굴어야 할 텐데, 그러면 그 군주는 결국 자산이 바닥나고 말 것이다. 그리고 이를 해결하기 위해 민중을 착취하다 보면 결국 미움받게 될 것이다. 하지만 진정으로 너그러운 군주는 가혹하다는 소리를 들을지언정 민중을 착취할 필요가 없을 정도로 자산을 축적한다.

조직의 리더도 마찬가지다. 남들에게 착하게 보이는 것에 집착하는 팀장은 최대한 팀원의 편의를 봐주고 모든 일을 혼자 떠안으려고 할 것이다. 하지만 개인에게 주어진 시간과 역량은 한계가 있기에 그런 태도를 영원히 유지하는 것은 불가능하다. 결국 프로젝트 끝 무렵 팀원은 지쳐 나가떨어진 팀장이 하던 많은 일을 떠맡고 나쁜 결과를 감당하게 된다. 반대로 처음에는 깐깐하다는 말을 듣더라도 자신이 감당할 수 있는 일과 팀원이 해야 하는 일을 명확히 구분해 좋은 결과를 가져오는 리더는 진정으로 '착한' 리더가 된다.

나는 스탠퍼드에서 〈코리안 컬처 쇼Korean Culture Show〉를 제작했는데 그때만큼 마키아벨리의 조언이 유용했던 적이 없었다. 내가 담당하기 전까지 〈코리안 컬처 쇼〉는 태권도, 케이팝 댄스, 한국무용 등 한국 관련 공연을 차례로 보여주는 행사였다. 하지만 해온 대로 하는 것을 별로 좋아하지 않는 나는 야심 차게 한국 학생회가 이전에는 시도하지 않은 형태의 쇼를 기획했다. 아예 새로 연극 대본을 써서 공연을 플롯의 일부로 구성한 것이다!

더 관심을 끌기 위해 제목은 당시 미국에서도 유행한 한국 드라마 〈응답하라〉 시리즈를 오마주했다. 기본적인 틀은 한국에서 태어나 어렸을 때 미국으로 입양된 주인공이 자신의 뿌리를 찾기 위해 한국으로 가서 겪은 사건들로 구성했다. 대본도 직접 쓰고 배우 오디션도 직접 봤다. 감독으로서 리허설과 연습까지 총진행하느라 몇 달간 정신이 없었다. 총괄 프로듀서로 나를 도와준 지니가 없었다면 절대 끝까지 해내지 못했을 것이다.

문제는 해리엇이 내 대본에 불만을 제기하면서 시작됐다. 해리엇은 여주인공과 남주인공이 오해로 사이가 멀어지는 과정이 너무 작위적이라 몰입하기가 어렵다고 목소리를 높였다. 하지만 해리엇을 제외한 나머지는 모두 이제와 이런 주장을 하는 그를 이해하지 못했다. 팀원들 간의 논쟁이 하루를 다 잡아먹을 기세였다. 존 스튜어트 밀John Stuart Mill이라면 소수 의견을 존중하고 해리엇이 하는 말을 끝까지 들어야 한다고 했을 것이다. 나는 사실 밀을 마키아벨리보다 훨씬 좋아하지만 모두 새벽 4시까지 공부하고 어렵게 시간을 내어 모인 마당에 착한 리더가 되겠다고 수수방관하고 있을 수는 없었다.

　나는 결국 해리엇에게 단호하게 말했다. "해리엇, 네 의견을 충분히 이해하지만 이 장면을 지금 와서 고치기에는 시간이 부족해. 배우들이 외운 대본을 상당 부분 수정해야 하기도 하고. 미안하지만 이 부분은 리더인 내 결정을 따라 줬으면 좋겠어."

　나는 그 상황에서 효율성을 높이는 것이 멤버 모두를 만족시키는 것보다 훨씬 중요하다는 확신이 있었다. 그래서 과감히 마키아벨리의 조언에 따랐다.

　결론적으로 쇼는 성공적으로 끝났다. 그리고 크게 찬사를 받은 쇼의 일원으로서 해리엇도 만족스러워했다. 뒤풀이 때 그의 행복한 표정을 보아하니 내가 자기편을 들어주지 않은 것은 이미 잊어버린 듯했다. 내가 만약 우물쭈물하며 사람들 모두가 납득할 때까지 기다렸다면, 모두를 만족시키기 위해 해리엇의 의견을 받아들였다면 과연 쇼가 성공할 수 있었을까? 그렇지 않았을 것이다. 이 경험으로 나는 착한 결과를 내려면 잠시 나빠져야 할 때도 있다는 마키아벨리의 지혜에 일리가 있다는 것을 확실히 깨달았다.

사랑받는 것보다
두려움의 대상이 되는 것이 낫다

마키아벨리는 사랑받는 것과 두려움의 대상이 되는 것 중 하나만 골라야 한다면 후자를 고르는 편이 더 안전하다고 군주들에게 조언했다. 민중의 사랑은 오래가지 않으며 조건적이기 때문이다. 강한 군주에게 민중은 충성을 다하지만, 약한 모습을 보이면 금방 등을 돌릴 것이라고 마키아벨리는 단언했다. 그러면 민중의 사랑에만 의존해온 군주는 몰락할 수밖에 없다. 반대로 두려움은 군주를 배신하지 않고 지켜준다.

마키아벨리가 사랑이라는 가치 자체를 폄하한 것이 아니다. 다만 '군주로서' 사랑받는 것보다는 두려움의 대상이 되는 것이 더 적합하다고 판단한 것이다.

나는 이것이 회사라는 조직에 특히 딱 들어맞는 조언이라고 생각한다. 직장은 사랑받으려고 다니는 곳이 아니다. 직장에서 인기는 조건적이다. 사람들에게 호감을 사는 것에 집중해 정작 성과를 내는 것을 소홀히 하거나 자기 실속은 챙기지 않는다면 살아남기 힘들어진다. 사랑받고 싶은 욕구는 퇴근한 '본캐'에게 맡기고, 직장의 나는 '부캐'라고 생각하며 주어진 일을 잘해내는 데 집중해야 한다.

내가 처음 실리콘밸리에서 일을 시작했을 때 스탠퍼드 선배이자 멘토였던 엘리는 그야말로 동경의 대상이었다. 그는 똑 부러지게 일하면서도 항상 겸손하고 입가에 미소를 잃지 않았다. 그렇기에 선배 후배 할 것 없이 누구나 그와 프로젝트를 하고 싶어 했다.

어느 날 엘리는 '새로운 세계를 경험하고 싶다'며 핀테크 회사의 아프리카 지부로 떠나기로 결정했다. 회사에서 MBA 과정 학비를 전액 부담할 테니 계속 근무해달라고 애원했지만 흔들림이 없었다.

엘리가 떠나기 전 나는 어렵게 그와 식사를 함께했다. 어떻게 하면 그토록 성공적으로 일할 수 있는지 묻자 엘리는 의외의 답을 내놓았다. "나 아주 좋은 연애를 하고 있어."

아니, 갑자기 연애 이야기를 왜 하는 거야? 의아해하는 내게 엘리는 웃으며 말했다. 회사에서 어떤 이야기를 듣든, 어떤 일이 일어나든 자기는 사랑받고 있고 좋은 사람이라는 것을 알게 해주는 사람이 집에 있다고, 그래서 회사에서 사랑받기 위해 남의 부탁을 모두 들어주며 아등바등하지 않고 자기 할 일에만 집중할 수 있다고 말이다.

생각해보니 엘리의 말에 일리가 있었다. 엘리는 항상 웃는 인상이기는 했지만 회사 일에 자신의 시간과 에너지를 사용하는 데 엄격했고 워라밸도 확실히 챙겼다. 회사의 부캐와 일상의 본캐를 따로 분리해 생각하는 것이 업무에 긍정적인 영향을 미치는 것 같았다. 꼭 연애가 아니더라도 이렇게 회사 밖에 자존감을 채워주는 장치를 만들어놓으면 일 잘하지만 무서운 회사 선배가 되는 것을 개의치 않게 될 것이다.

선을 지키고
미움받는 것은 피하라

마키아벨리는 무조건 남의 시선은 전혀 신경 쓰지 말고 목표 달성에만 집중하라는 말을 하고 싶었던 것일까? 흔히들 그렇게 생각하지만 사실은 그렇지 않다. 그는 실리를 지키면서도 사랑받을 수 있다면 그렇게 하는 것이 좋다고 이야기했다.

마키아벨리는 군주로서 사랑받지 못하는 것은 괜찮으나 미움받는 것은 피하라고 조언했다. 누군가를 두려워하는 것과 미워하는 것은 엄연히 다르다. 직장에서 존경하는 상사를 두려워하는 동시에 미워하지는 않을 수 있는 것처럼 말이다.

마키아벨리는 군주가 미움받는 이유로 정당한 이유 없이 민중의 자산이나 목숨을 빼앗는 것을 꼽았다. 만약 남에게 피해를 줘야 한다면 꼭 누구나 납득할 만한 사유가 있어야 하며, 그렇지 않을 때는 최대한 자제해야 한다고 말했다.

회사에서도 마찬가지다. 자기 일을 잘하기 위해 꼭 남에게 피해를 줄 필요는 없다. 남의 공을 가로채려고 한다거나 후배를 괴롭힌다거나 남의 시간과 에너지를 뺏고 별다른 이유 없이 기를 죽이는 행위는 미움받기 충분하다. 마키아벨리의 조언에 따르더라도 자기 행동이 정말 대의를 위한 것인지 아니면 그냥 비도덕적인 것인지 충분히 고려해야 한다.

애플Apple의 CEO였던 잡스는 이 선을 넘은 리더로 유명하다. 월터 아이작슨Walter Isaacson이 쓴 잡스의 전기에 따르면 그는 직원들을 공개적으로 모욕하고, 남이 한 일의 공을 가로채고, 심지어 장애인 주차 구역에 종종 주차했다고 한다. 잡스가 친자식에게 경제적 지원을 하지 않고 오랫동안 정부 지원을 받으며 살게 내버려둔 것도 유명한 일화다. 그는 분명 천재적인 혁신가였으며 마키아벨리안 리더십을 가졌다고 볼 수도 있겠지만, 동시에 일에 지장이 생길 정도로 미움받을 행동을 많이 했기에 마키아벨리의 기준에 들어맞는다고는 할 수 없다.

스탠퍼드 경영학과 교수인 로버트 서턴Robert Sutton이 리더십에 관한 책을 쓰기 위해 실리콘밸리 리더들을 인터뷰했을 때 실제로 많은 사람이 "잡스처럼 못된 리더는 회사를 키우는 데 꼭 필요하다"라고 답변했다고 한다. 그러나 서턴은 연구 끝에 상황에 따라 못돼 '보이는' 것은 필요하지만 일반적으로는 남에게 못되게 굴지 않는 리더가 회사의 발전에 더 필요하다고 결론지었다. 잡스의 성공은 그가 못됐기 때문이 아니라 못됐는데도 이룬 것이라고 이해할 수 있겠다.

나의 공을
남들이 알게 하라

한국에서는 겸손을 미덕으로 여기기 때문에 '나댄다'는 단어를 부정적인 의미로 자주 사용한다. 그런데 아무리 생각해봐도 영어에는 나댄다와 정확히 매칭되는 단어가 없는 것 같다. '적극적이다active' 정도가 있겠지만 그나마도 부정적인 뉘앙스는 아니다.

실리콘밸리에서는 나대는 것이 절대 나쁜 것이 아니다. 오히려 당연하다. 실리콘밸리에서는 언제 어디서 네트워킹을 하고 동업자를 찾게 될지 모르기 때문에 대부분 자기 PR을 늘 준비한다. 자기 능력과 성과를 먼저 알리지 않으면 아무도 알아주지 않는다는 인식이 지배적이다. 내가 직장에 다닐 때도 일 잘하는 사원들은 모두 매니저에게 자신이 어떤 일을 성공적으로 수행했는지 어필했다.

마키아벨리도《군주론》에서 보여지는 것이 얼마나 중요한지 강조했다. 심지어 책에서 설명한 덕목을 실제로 가질 필요는 없으나 가진 것처럼 '보이는' 것은 필수적이라고 이야기했다. 환심을 사기 위해 척하라는 것이 아니라 군주라는 특수한 신분에 걸맞게 행동하라는 말일 테다.

회사에서도 마찬가지다. 일을 열심히 하지 못할 것 같은 날이라도 열심히 하는 척해야 한다. 똑 부러지지 못하더라도 그런 척해야 하고, 리더로서 카리스마가 없다고 생각하더라도 그렇게 보이려고 노력해야 한다. 계속하다 보면 실제로도 점점 그렇게 될 것이다. 직장인도 결국 회사라는 무대에서 주어진 하나의 역할이라는 것을 기억하자.

마키아벨리의 《군주론》을 다 읽기 부담스럽다면…

《군주론》을 무턱대고 첫 장부터 읽어나가는 것은 추천하지 않는다. 인생에 적용할 만한 자기계발 조언을 얻고 싶다면 15장에서 23장까지만 읽어도 충분하다. 군주란 모름지기 어떻게 행동해야 하며 다른 사람을 어떻게 대해야 하는지에 관한 구체적인 설명이 담겨 있는 부분이다. 사랑받는 것과 두려움의 대상이 되는 것 중 어떤 것이 나은지 설명하는 17장은 특히 흥미로우니 읽어보기를 추천한다.

Part 3.

새로운 세상을

보고 싶을 때   필요한 철학

Chapter 11.

인공지능 시대에
발맞추는 법

설의 중국어 방 사고실험

컴퓨터가 프로그램과 데이터베이스를 통해 사람 같은 아웃풋을 내
놓는다고 하더라도 컴퓨터는 자신이 내놓은 아웃풋의 의미를 전혀
이해하지 못한다. 따라서 컴퓨터의 지능은 인간의 지능과 근본적으
로 다를 수밖에 없다.

컴퓨터공학, 언어학, 철학, 심리학을
다 알아야 하는 직업

전 세계에서 유일하게 스탠퍼드에만 있는 전공이자 내가 학사 학위를 취득한 심볼릭 시스템스 학부 웹사이트에 들어가면 큰 글자로 이렇게 써 있다.

휴머니티와 테크놀로지 재해석

인간과 인공지능

마음과 기계

너무 여러 가지를 공부해야 해서 혼란스러울 때도 많았지만 나는 드디어 이 자리에 서 있다. 아니, 앉아 있다.

졸업식 말이냐고? 아니, 그것보다 더 떨리는 자리다. 심볼릭 시스템스 전공자라면 무조건 가장 먼저 들어야 하는 〈심시스 1: 마음과 기계SYMSYS 1: Mind and Machine〉 수업의 조교를 뽑는 인터뷰 자리다. 나는 초조한 마음을 애써 감추며 교수님에게 입에 발린 인사말을 하고 있었다.

심볼릭 시스템스는 컴퓨터공학, 언어학, 철학, 심리학에서 모두 학점을 인정하므로 조교가 되려면 당연히 그 모든 학과의 기본 지식을 꿰고 있어야 했다. 나는 당시 철학과 석사 과정을 밟고 있었기에 철학에 관한 부분은 자신이 있었지만 면접을 보는 교수님이 철학에 관한 심도 있는 질문을 할 것 같지는 않았다.

"알다시피 이 자리는 급여가 높은 만큼 경쟁률도 높아서요. 인터뷰 외에도 여러 가지를 종합적으로 고려해 평가할 것입니다. 자, 그러면 누군가를 가르친 경험이나 리더십을 발휘한 경험을 먼저 들어보죠."

아니, 인터뷰 외에 여러 가지를 대체 어떻게 고려해 평가한다는 말인가? 차라리 인공지능에 맡긴다고 하면 더 속 편할 것 같다고 생각하며 인터뷰에 응하다 보니 어느새 시간이 한참 흘렀다. 교수님이 말했다.

"자, 지금까지는 전공자로서 공부한 부분에 관한 질문이었다면 마지막 질문은 배경지식을 토대로 지원자가 창의적으로 답변하면 됩니다."

직감적으로 알아챘다. 아, 지금까지의 질문은 거의 다 맞히는 형식상 질문이고 진짜 조교를 가려내는 질문은 이거

겠구나. 뭘까? 알고리즘? 문법 프로그래밍? 심리학 실험 방법?

"인공지능이 사람을 이길 수 없는 분야가 있다고 생각하십니까? 있다면 예를 들어주세요."

나는 인터뷰가 시작되고 처음으로 침착해졌다. 답변을 생각할 시간도 필요하지 않았다.

마음과
기계

나는 2학년 때 처음으로 심볼릭 시스템스 수업을 들었다. 이미 슬리 인문학 집중 코스를 들으며 교수님이 자주 바뀌는 수업에 익숙해진 터라, 여러 교수님이 들어오는 〈심시스 1〉이 그렇게 이상하게 느껴지지 않았다. 수업 부제가 '마음과 기계'인 만큼, 수업에 들어오는 교수님들은 철학과 컴퓨터공학 복수 전문가인 경우가 많았다.

첫 수업에서 교수님은 '기계와 기술이 발전하면 발전할수록 철학적인 문제가 더욱 늘어난다'라고 했다. 나는 사실 이 수업에 반해 심볼릭 시스템스를 전공하게 됐는데 커리큘럼 중 가장 흥미로웠던 주제를 소개해보겠다.

'튜링 테스트'를 들어봤는가? 아니, 그전에 인터넷에 '심심이 매운맛'을 검색해보라. 심심이는 2002년 개시한 챗봇으로 81개 언어로 대화할 수 있는 인공지능이다. 그런데 이 심심이는 조금만 심기를 거슬리면 엄청나게 '급발진'한다. 나도 원고를 쓰며 테스트를 위해(오직 그뿐이다…) 일부러 심심이에게 XXX라는 욕설을 해봤는데, 바로 "응, 그런 말 하는 네가 더 XXX야"라는 메시지가 돌아왔다. 만약 심심이가 AI라는 것을 몰랐다면 상대가 초등학생이라고 해도 믿을 정도다.

1950년 영국의 수학자이자 컴퓨터공학자 앨런 튜링 Alan Turing은 이 경우 상대 기계가 지능을 가지고 생각할 수 있는 존재라고 봐야 한다고 주장했다. 이때 '이 경우'란 얼굴이 안 보이는 채팅에서 상대를 인간과 구분할 수 없는 상황을 말한다. 이를 '튜링 테스트Turing Test'라고 한다.

그런데 1980년 철학자 존 설John Searle이 (이제 너무나도 유명한) '중국어 방Chinese Room' 사고실험을 진행했다. 잠깐, 여기서 사고실험이란 과학 실험과 비슷하지만 오직 상상과 생각만으로 하는 실험을 말한다. 사과의 갈변을 실험한다면 사과를 진공 상태에 넣은 뒤 갈변이 일어나는지 아닌지 관찰하며 산화가 갈변의 원인이라는 가설을 세울 수 있을 것이다. 비슷한 이치로 철학 사고실험에서는 특정 시나리오를 머릿속으로 상상하며 결과의 차이를 살핀다. 이를 토대로 해당 주제의 주요 요소들에 대한 논증을 세울 수 있다. 사고실험은 하나의 논증을 뒷받침하거나 반례를 제시할 때 주로 사용된다.

설은 중국어 방 사고실험에서 인간과 기계의 차이를 강조했다. 1999년 그는 자신의 사고실험을 직접 요약했는데 번역하면 다음과 같다.

영어가 모국어고 중국어를 전혀 모르는 사람이 상자로 가득 찬 방에 갇혀 있다. 그 상자 안에는 중국 문자들과 그 문자들을 어떻게 조합해야 하는지에 대한 설명서가 있다.

방 밖에 있는 사람들이 다른 중국 문자들을 방 안

으로 보내는데, 방 안에 있는 사람은 모르지만 사실 그 문자들은 중국어로 된 질문이다.

설명서에 적힌 대로만 하면 방 안의 사람은 그 질문의 대답으로 적합한 중국 문자를 조합해 내보낼 수 있다. 그 프로그램은 방 안에 있는 사람이 튜링 테스트를 통과할 수 있게 하지만, 사실 그 사람은 중국어를 한 단어도 이해하지 못한다.

여기서 방 안에 있는 사람은 컴퓨터, 설명서와 중국 문자는 프로그램과 데이터베이스라고 해석할 수 있다.

중국어를 모르는 내가 문법적 규칙이 쓰여 있는 설명서에 따라 중국어로 된 답변을 조합해낸다면 방 밖에 있는 사람은 내가 중국인이라고 착각할 수 있겠지만(튜링 테스트를 통과하겠지만) 사실 나는 중국어를 전혀 이해하지 못한다. 비슷한 이치로 컴퓨터가 프로그램과 데이터베이스를 활용해 사람과 같은 아웃풋을 내놓는다고 하더라도 사실 컴퓨터는 자신이 내놓은 아웃풋의 의미를 전혀 이해하지 못한다. 따라서 컴퓨터의 지능은 인간의 지능과 근본적으로 다를 수밖에 없다.

나는 이 사고실험이 아주 재미있다고 느꼈다. 당시 수업의 과제는 설의 사고실험을 반박하는 것이었고 교수님은 내 답변을 칭찬했다. 나는 사람이 특정 언어를 구사하는지를 판단할 때 우리가 그 마음속까지 꿰뚫어 보는 것은 아니라고 했다. 어떤 사람이 그 언어로 상황에 적합한 말을 할 수 있다면 그 언어를 안다고 가정하는데, 왜 기계라고 해서 더 엄격한 잣대를 들이대야 하는지 그 근거가 중국어 방 사고실험에 부재한다는 주장이었다.

인공지능과
인간의 차이

반박을 해야 해서 했지만 사실 나는 설의 사고실험에 매료됐고 그에 상당 부분 동의한다. 기계가 사람과 아주 유사하게 행동한다면 사람이 기계 속에 갇혀 있다고 착각하기 쉽다. 영화 〈그녀Her〉에서 주인공 테오도르는 인공지능 운영

체제인 사만다와 깊은 유대관계를 형성하고 연인 관계를 맺기에 이른다. 하지만 영화 후반부 사만다가 자신뿐만 아니라 셀 수 없이 많은 사람과 동시에 대화하고 사랑을 나눈다는 것을 알게 되자 깊이 실망한다. 이 영화는 인공지능과 인간의 경계를 다루며 인공지능이 인간과 같이 진정한 정서적 교감이 가능한 존재인지 질문한다.

비슷한 맥락에서 앞서 말한 '인공지능이 사람을 이길 수 없는 분야가 있다고 생각하는지, 있다면 그의 예를 들어달라'는 〈심시스 1〉 조교 인터뷰 질문에 나는 이렇게 답했다.

"인공지능은 진정으로 도덕성을 이해하고 자율적인 도덕적 판단을 하지 못한다는 점에서 인간에 뒤처집니다."

이 답변 덕분인지 혹은 이 답변에도 불구하고인지는 모르겠지만, 나는 결국 조교 자리를 따낼 수 있었다.

나는 인공지능이 자율적으로 도덕적 판단을 하지 못한다고 했지만 사실 인공지능은 도덕적인 결정을 내려야만 하는 상황을 부지기수로 맞닥뜨린다. 앞으로 더더욱 그럴 것이고 말이다. 자율 주행 자동차를 생각해보자. 달리는 자율 주행 자동차 앞에 어린아이 한 명이 있고 그 아이를 치지 않기 위해 방향을 트는 경우 노인 한 명을 치게 된다면?

이런 상황에서 자동차가 어떤 방향으로 가야 할지를 결정하는 것은 차의 인공지능 기술을 만든 엔지니어야 할까, 정부여야 할까? 아니면 차에 타고 있는 사람 혹은 차의 주인이어야 할까?

트롤리
문제

어디서 많이 들어본 상황 같다고? 맞다. 내가 방금 묘사한 상황은 아주 유명한 '트롤리 문제Trolley Problem'와 유사하다. 영국의 철학자 필리파 풋Philippa Foot은 1967년 다음과 같은 윤리적 딜레마를 제시했다.

당신은 폭주하는 전차의 운전사다. 당신은 현재 전차가 달리는 좁은 트랙 옆의 또 다른 좁은 트랙으로 전차의 방향을 바꿀 수 있다. 브레이크는 작동하지 않는다. 첫 번째 트랙에는 사람이 다섯 명 있고 두 번째 트랙에는 사람이 한 명 있다. 전차가 어떤 트랙으로 가든지 그 트랙 위에 있는 사람은 모두 죽는다. 당신이라면 두 트랙 중 어떤 것을 선택할 것인가?

보통 백이면 백 망설임 없이 한 명이 있는 트랙을 선택한다고 대답한다. 다섯 명이 죽는 것보다 한 명이 죽는 것이 더 낫다고 생각하기 때문이다. 풋 역시 그렇게 하는 것이 옳다고 인정한다.

풋은 나아가 또 다른 그러나 비슷한 점이 많은 사고실험을 제시한다.

당신은 어느 마을의 판사 혹은 총책임자다. 최근 마을에 흉악한 범죄가 일어났는데 주민들이 들고 일어나 꼭 범인을 찾아야 한다고 시위 중이다. 만약 범인이 잡히지 않으면 시위대는 본보기로 마을 사람 다섯 명을 죽일 예정이다. 범인의 행방이 미궁에 빠진 지금, 당신은 무고한 사람 한 명을 범인으로

몰아 사형에 처할 권한이 있다. 그렇게 하면 시위대는 마을 사람 다섯 명을 죽이지 않을 것이다.

이 경우 당신은 어떻게 할 것인가? 정말 두 가지밖에 선택지가 없다면 어쩔 수 없이 무고한 사람을 사형에 처하게 하겠다는 답변도 이해가 간다.

하지만 아까 전차 사고실험과는 달리 이번 결정은 대단히 비도덕적이고 충격적인, 또 그만큼 어려운 결정으로 느껴진다. 어떻게 보면 둘 다 한 사람의 죽음과 다섯 사람의 죽음 사이에서 고민하는 딜레마인데 왜 이렇게 차이가 나는 것일까?

풋은 전차 사고실험에서 한 사람이 있는 트랙을 선택했을 때 그 한 사람의 죽음은 운전사가 의도한 것이 아니라 다섯 명을 살리려는 과정에서 일어나는 부작용이기 때문이라고 설명한다. 다시 말해 만약 슈퍼맨이 나타나 그 한 사람도 살려낸다면 당신은 굳이 그를 다시 죽이려고 들지 않을 것이라는 말이다.

하지만 두 번째 상황은 당신이 무고한 한 사람의 죽음을 의도한다는 점에서 다르다. 만약 당신이 누명을 씌운 사람의 사형 집행이 실패한다면 당신은 적극적으로 방법을 찾아 결국 그를 죽일 것이다. 그래야만 시위대가 다른 다섯 명을 죽이지 않을 테니까 말이다. 이렇게 죽음이 단순한 부작용인가 아니면 의도한 결과인가에 따라 비슷하게 보이는 사고실험도 윤리적으로 시사하는 바가 달라진다.

그렇다면 1976년 철학자 주디스 톰슨Judith Thomson이 제시한 다음 사고실험은 어떨까?

> 당신은 폭주하는 전차를 발견했다. 이 전차가 그대로 폭주한다면 사람 다섯 명이 전차에 깔려 죽을 것이다. 이 전차를 막을 수 있는 단 한 가지 방법은 아주 무거운 것으로 전차 앞을 막는 것인데 아무리 주위를 둘러봐도 충분히 무거운 것은 근처에 있는 뚱뚱한 남성뿐이다. 당신은 그 뚱뚱한 남성을 전차 앞으로 던질 만한 힘이 있다. 그렇게 한다면 그 뚱뚱한 남성은 죽고 앞서 말한 다섯 명은 살 것이다.

이 경우 선뜻 뚱뚱한 남성을 밀겠다고 선택하는 사람은 거의 없다. 뚱뚱한 남성을 미는 것이 비도덕적으로 느껴지기 때문이다. 단순히 한 명의 생명과 다섯 명의 생명 사이에서 선택하는 것의 문제라면 왜 앞서 제시한 풋의 사고실험과 이렇게 상반된 결론이 나오는 것일까?

풋은 이를 '부정 의무Negative Duty'와 '긍정 의무Positive Duty'의 차이로 설명할 수 있다고 주장했다. 부정 의무는 누군가에게 해를 입히지 '않을' 의무라면, 긍정 의무는 누군가에게 좋은 일을 '할' 의무다. 그리고 대부분 부정 의무가 긍정 의무보다 중요하다. 다시 말해 누군가에게 해를 입히지 않는 것이 누군가에게 좋은 일을 하는 것보다 더 중요하다는 것이다.

풋의 사고실험은 부정 의무 간의 충돌이다. (다섯 명이 있는 트랙을 선택해서) 한 명에게 해를 입히지 않을 의무와 (한 명이 있는 트랙을 선택해서) 다섯 명에게 해를 입히지 않을 의무를 비교한다면 다섯 명에게 해를 입히지 않을 의무가 앞선다는 명료한 결론이 나온다. 하지만 톰슨의 사고실험은 (뚱뚱한 남성을 밀어서) 다섯 명에게 좋은 일을 하는, 즉 다섯 명을 살릴 의무와 (뚱뚱한 남성을 밀지 않아서) 한 명에게 해를 입히지 않을 의무 간의 충돌이다. 부정 의무가 긍정 의무보다 중요하므로 뚱뚱한 남성을 밀지 않음으로써 한 명에게 해를 입히지 않는 것이 더 중요하다는 결론을 내릴 수 있다.
정말 흥미롭지 않은가?

인공지능 윤리는
우리 모두의 몫

우리는 과연 이렇게 복잡한 윤리적 문제를 판단하는 일을
온전히 인공지능에게 맡길 수 있을까? 앞으로 정말 인공지
능이 법조인 역할을 대신할 수도 있을까? 결국 이것이 인
공지능을 프로그래밍하는 엔지니어의 몫이라고 하더라도
임시방편으로 개개인의 도덕적 판단에 맡기기에는 위험이
너무 막대하다.

옥스퍼드대학교에서 인공지능 윤리를 담당하는 기관인
AI의 윤리Ethics in AI 디렉터 존 타시올라스John Tasioulas
교수에 의하면 인공지능 윤리는 대학 내 학생들의 토론에
서 시작된다. 대학에 집행력이나 결정권이 있어서가 아니

라 대학이 서로 다른 의견이 충돌하고 더 나은 합의점으로 나아가는 과정의 뿌리이기 때문이다.

타시올라스는 이런 논의가 시민들에게 충분히 전달되고 이해돼야 한다고 강조한다. 결국 정부 혹은 국제기관에 결정권이 있더라도 그 결정권에 영향을 미치는 것은 시민 개개인의 철학적 가치관이다. 인공지능이 점점 우리의 일상에 밀접하게 관여하고 있는 만큼 지금은 그 어느 때보다 철학이 필요한 때다.

Chapter 12.

일에서 오는
'소외' 인지하는 법

마르크스의 《경제학-철학수고》

마르크스의 소외 이론은 오늘날 자본주의 사회에 적용할 수 있는 문제를 지적한다. 그가 말하는 소외란 노동이 상품이 되고 이윤을 통해 사유재산이 생길 때 일어나는 현상이다. 본래 서로 소속감을 느껴야 하는 주체와 객체가 분리되는 것을 뜻한다.

마르크스의
소외 이론

1818년 독일에서 태어난 카를 마르크스Karl Marx의 사상은 여러 20세기 공산 정권의 기반이 됐다. 하지만 사회주의나 공산주의를 지지하지 않는 사람들에게도 마르크스의 철학은 자본주의의 결함에 대한 엄중한 경고로서 유익한 측면이 있다.

특히 마르크스의 소외alienation 이론은 오늘날 실리콘밸리는 물론 한국 사회를 비롯한 여느 자본주의 사회에 적용할 수 있는 문제를 지적한다. 소외란 노동이 상품이 되고 이윤을 통해 사유재산이 생길 때 일어나는 현상으로, 본래 서로 소속감을 느껴야 하는 주체와 객체가 분리되는 것을 일컫는다.

마르크스는《경제학-철학수고Economic and Philosophic Manuscripts》에서 자본주의 사회에서 나타나는 소외의 네 가지 측면을 분석한다.

노동자가 생산한
상품으로부터의 소외

노동자는 자신이 노동으로 생산한 상품을 자기 능력의 증거가 아닌 자신과 동떨어진 것으로 인식하게 된다. 이런 소외의 반대는 자신이 생산한 상품에서 자신을 발견하고 자랑스럽게 여기는 모습이라고 볼 수 있다. 가령 의자 장인은 의자를 만드는 과정에서 그 의자와 깊은 유대감을 느끼고 그가 만든 의자가 사용되는 모습에서 자부심과 자신의 가치를 느낀다.

하지만 산업 혁명 이후 차를 만드는 노동자들은 효율성을 높이기 위해 차의 극히 일부분만을 조립하게 됐다. 따라서 완성된 차를 봐도 그 안에서 자신을 찾기가 어려웠다. 그 차를 만든 노동자에게 차는 익숙하게 느껴지지 않을 뿐만 아니라 구입하기에 너무 비싸기까지 했다. 이것이 바로 생산한 상품으로부터의 소외다.

실리콘밸리는 어떤가? 막연하게 창업의 천국이라는 인식이 있지만 사실 아직도 노동자(일관성을 위해 조금 생소하지만 노동자라는 용어를 쓰겠다) 대부분은 구글이나 메타, 아마존 Amazon 같은 공룡 기업에 취직하기를 꿈꾼다. 예를 들어 구글에 소프트웨어 엔지니어로 취직했다고 해보자. 2만 5000명이 넘는 소프트웨어 엔지니어 중 자신이 쓴 코드가 직접적으로 구글의 상품이나 서비스에 반영되는 것을 확인할 수 있는 사람의 비율은 얼마나 될까? 팀 단위로 작은 오류를 디버깅하거나 복잡한 프로그램의 극히 일부분을 맡아 해결하는 경우가 다반사일 것이다.

현대사회에서 내가 생산한 상품에서 나를 발견하는 것은 실질적으로 어려울 수밖에 없다. 실제로 이런 이유로 좀 더 가시적인 영향력을 갖기 위해 대기업에서 작은 스타트업으로 이직하는 경우도 많다. 아무리 복지가 좋고 혜택이 풍부하다고 해도 결국 거대 기업들은 이윤을 최우선으로 하기 마련이며 생산한 상품으로부터의 소외에서 노동자를 지켜주지 않는다.

애초에 실리콘밸리의 상징인 인터넷 기술 산업에서는 생산한 상품을 어떻게 정의할지부터 애매하다. 소셜 미디어 이용자들의 데이터가 상품이 돼버린 시대이기 때문이다. 2021년 페이스북이 5억 명 넘는 이용자의 개인 정보를 유출한 적이 있었다. 그때 해당 데이터를 페이스북 활동으로 '생산'한 이용자들은 상품의 주인, 즉 상품으로 이윤을 보는 사람이 자신이 아니라는 사실을 깨닫게 됐다. 어느새 상품으로 변질돼버린 자신의 데이터에서 소외됐다고도 볼 수 있겠다. 노동자를 이용자가 아닌 데이터를 정리하고 처리하는 페이스북의 직원들로 본다고 해도 소외는 변함이 없다.

노동 과정으로부터의
소외

노동자는 신체적, 정신적 에너지를 자유롭게 발달시키는 노동 과정에서 소속감을 느낄 수 있다. 그러나 자본주의 사회의 노동자들은 실질적으로 노동 과정에서 자신을 표현할 수 없다. 내가 하고 싶은 일, 원하는 노동 방식과는 전혀 다른 노동을 하게 되는 것이다. 이렇게 생계유지를 위한 노동을 하는 노동자는 그 과정에서 소외된다.

총알 배송의 원조라고 할 수 있는 거대 기업 아마존은 노동자를 착취하는 것으로 유명하다. 아마존 창고에서 근무하는 노동자들은 과도한 업무량 때문에 배변을 플라스틱 컵에 해결할 수밖에 없을 정도로 쉬지 않고 일해야 한다. 또 노동 환경에 관해 다른 노동자들과 이야기를 나누다가 회사에 반발하는 분위기가 형성되지 않도록 아마존이 심어둔 스파이들과 함께 일한다고 한다. 그렇게 1년간 약 3만 1000달러를 받는다. 아마존 창립자이자 전 CEO인 제프 베조스Jeff Bezos가 12초 만에 버는 돈이다.

기술과 혁신이라는 명목 아래 얼마나 많은 사람이 노동 과정에서 소외당하고 있는지 가늠하기조차 어렵다. 물론 노동이 법적으로 강제되는 것은 아니지만 생계를 유지하기 위해 일해야 하는 자본주의 사회에서는 강제라고 봐도 마땅할 것이다.

극단적으로 열악한 환경에 놓이지 않더라도 현대 사회의 노동자들은 노동 과정에서 소외를 느끼기 쉽다. 회사에 가장 큰 효율과 성과를 가져다주는 노동자가 보상을 받는 시스템에서 진정으로 창의적 활동과 자아실현을 할 기회는 흔치 않다.

예컨대 구글은 '20퍼센트 타임20% time' 제도를 활용해 업무 시간의 20퍼센트를 각자 원하는 프로젝트에 쓰도록 직원들을 격려한다. 나도 이를 큰 혜택처럼 이야기하는 구글 인사과 직원들을 만나봤지만 결국 이 제도도 '구글에 도움이 될' 프로젝트에 적용해야 한다.

물론 자본주의 사회에서 노동자에게 월급을 주는 회사가 회사를 위해 일하라고 요구하는 것은 당연하지만, 이 과정에서 노동자는 노동 과정의 주체가 자신이 아니라는 것을 느끼게 된다. 마르크스의 말을 빌리자면, 자신의 활동 activity이 '자신의 것이 아니고 남의 것'이라는 사실을 깨닫는 것이다. 여기서 말하는 '남'은 직속 상사가 될 수도 있고 회사의 CEO가 될 수도 있다.

현대 노동자들이 워라밸을 목청 높여 외치는 이유가 여기에 있다. 노동이 끝나야만 비로소 자신이 원하는 삶을 살 수 있다고 여기기 때문이다. (참고로 베조스는 워라밸이 근본적으로 말이 안 되는 용어이며 일과 삶은 순환하는 원과 같다고 했다.)

노동자 자신으로부터의 소외

노동자 자신으로부터의 소외는 앞서 설명한 생산한 상품과 노동 과정으로부터의 소외의 필연적 결과라고도 볼 수 있다. 내 노동 능력을 상품화하고 원하지 않는 노동 과정에 참여하는 삶을 살며 노동자는 자아를 잃어버린다. 마르크스는 이를 자신의 자연적인 인간성으로부터 소외되는 것이라고도 표현했다. 우리는 모두 동물이나 기계와 구분되는 인간으로서의 욕구를 채우기 위해 살아가는데, 자본주의 사회에서 노동은 오히려 인간성을 점점 잃게 만든다는 것이다.

실리콘밸리에서 원하던 회사에 취직했을 때 나는 한동안 세상을 다 가진 것 같았다. 일단 생계 안정은 물론 그 이상의 소비가 가능한 월급을 보장받았기 때문이다. '사회 초년생인데 내게 멘토도 붙여주고 일을 가르쳐주며 돈까지 이렇게 많이 주다니!' 하며 놀라움을 금치 못했던 게 아직도 생생히 기억난다.

하지만 근무한 지 1년이 채 되기도 전에 월급의 대가를 뼈저리게 느꼈다. 그 돈은 창의적이고 여러 면에서 재능이 뛰어난 젊은 세대에게 그의 잠재력을 다른 곳이 아닌 회사라는 조직 안에서만 발현하게 제한하는 것의 보상금이었다. 매일같이 엑셀 파일과 씨름하고 코딩을 하며 나는 눈코 뜰 새 없이 바쁜 나날을 보냈다. 동시에 공허함을 느꼈다. 연차가 올라가면 더 많은 자유가 주어진다는 사실을 알고는 있었지만 나와 함께 일하던 그 어느 상사도 진정으로 일하며 행복해하는 것처럼 보이지 않았다.

어떻게 보면 낙이 돼줬던 과소비도 내 인간성의 대가라고 생각하니 점점 흥미가 줄어들었다. 연인과 싸우게 되는 이유도 대부분 일이었다. 당시 남자친구는 자신의 윤리관과 반대되는 분야의 회사에서 일하며 끊임없이 이직을 시도했다. 내가 자주 만나지 못하는 것에 대한 불만을 토로하면 "퇴근하고 돈을 받지 않는 시간에도 나를 아무것도 하지 못하게 하는 게 회사인 것 같아"라고 진심으로 괴로워했다.

소위 말하는 실리콘밸리 꿈의 직장, 그중에서도 꿈의 직종에 종사하는 친구들도 주말에 술을 마실 때면 "벌써 일하러 가기 싫다"라며 몸부림쳤다. 회사의 다양한 복지를 위안

삼으며 회사에 복수라도 하듯이 회사 비품을 훔쳐 오던 친구도 있었다.

물론 나는 일이 정말 재미있었고 일 때문에 즐겁고 행복한 순간도 많았다. 실리콘밸리는 보통 생각하는 것처럼 열정적이고 창의적인 사람들이 모여 혁신적인 일을 해내는 곳이 맞다. 많은 사람이 실리콘밸리에서 일해보고 싶어 하는 것에도 정당한 이유가 있다. 다만 일하는 지역, 회사, 직종을 바꾼다고 해서 지금 느끼는 자신으로부터의 소외가 반드시 해결되는 것은 아니다. 정도는 다를 수 있어도 노동자라면 결국 직장에서 완벽한 자아실현을 기대할 수 없다고 마르크스는 이야기할 것이다.

다른 노동자들로부터의 소외

이윤과 효율성을 극대화하기 위해 일하다 보면 결국 노동자들은 암묵적으로 서로를 도구로 취급하게 된다. 서로를 인간이 아닌 목표를 이루기 위한 경쟁자 혹은 조건적 협동 대상으로 보게 되는 것이다. 인간의 본성을 사회적 관계로 이해해야 한다고 주장한 마르크스에게는 꽤 심각한 소외 라고 볼 수 있다. 노동자 간 소외는 개인 노동자가 사회로 부터 느끼는 소외로 번진다.

요즘 〈SNL〉 같은 코미디 쇼를 보면 '직장인 기 싸움'이 라고 해서 소위 말하는 꼰대 선배들과 자기주장이 강한 MZ세대 후배들 간의 갈등을 희화화하는 경우가 많다. 그 런데 사실 우리가 직장에서 갈등을 겪는 이유는 우리의 성 격이 나빠서가 아니라 이해관계가 얽혀 있기 때문이다.

선배 입장에서 자기 지시를 듣지 않는 후배는 승진, 연봉 인상에 방해가 될 수도 있는 매우 두려운 존재다. 반대로 후배 입장에서 내 업무를 늘리는 선배는 유일한 자아실현 기회인 퇴근 후 시간을 위협하는 존재다. 둘 다 노동에서 오는 소외로 고통받기 때문에 서로를 그 고통을 가중시키 거나 감소시킬 수 있는 도구로 보는 것이다.

단적인 예로 회사 내 암묵적인 서열이나 인기는 누가 더 자기 일에 도움이 되는가, 즉 누가 가장 성능이 좋은 도구인가를 토대로 형성된다. 서로의 전인격적 개성을 고려하려는 노력이 강조되는 추세이기는 하지만 그런 개성조차도 깊이 생각해보면 회사의 브랜드 가치를 높이거나 협동 업무의 효율성을 높이기 위한 하나의 도구로 쓰인다.

내가 다녔던 회사에서 한 동양인 직원이 갑자기 사직을 통보한 적이 있었다. 그가 마지막으로 동료들에게 남긴 이메일에 의하면 오랫동안 겪은 인종차별로 인사과와 큰 마찰을 빚었다고 한다. 그를 잘 알지 못했지만 몇 번 마주쳤을 때 나는 그가 아주 친절하고 똑똑한 사람이라는 인상을 받았다. 그런데 평소 그를 전혀 부정적으로 생각하지 않았던 사람들도 입을 모아 그를 폄하하고 흉보는 모습에 나는 적지 않은 충격을 받았다.

하지만 마르크스의 이론을 적용해 생각해보면 이는 당연한 결과일지도 모른다. 조직에서 살아남는 것이 목표라면 정의고 나발이고 더 힘이 센 쪽을 편드는 것이 마땅하다. 또 애써 외면하고 있는 불합리성을 다른 사람이 지적해버리면 스스로 노동을 계속하는 상황에 정당성을 부여하기 위해 지적한 사람의 신빙성을 낮추려는 심리가 발동할 수도 있다. 진실이 무엇이든 노동자 간의 소외를 보여주는 대표적인 예다.

반대 사례도 있다. 2020년 구글의 인공지능 윤리팀에서 리더로 일하던 팀닛 게브루Timnit Gebru가 해고당하는 사건이 있었다. 구글 측에서는 부당 해고가 아니었다고 일축했지만, 게브루를 비롯한 많은 사람은 그렇게 생각하지 않았다. 게브루의 새 논문이 구글이 숨기고 싶어 하는 인공지능의 차별에 관한 진실을 밝히고 있어 그를 해고했다고 추측했다(게브루는 2018년 얼굴 인식 기술이 유색인종 여성들을 잘 인식하지 못하고, 이는 차별로 이어질 수 있다는 논문을 발표한 적이 있다).

구글 직원 3000명 이상이 이를 외면하지 않고 게브루의 해고에 항의하는 서명에 참여했고 게브루가 겪은 일은 세계적으로 큰 관심을 받았다. 많은 사람의 지지에 힘입어 게브루는 인공지능 연구소 DAIR을 성공적으로 설립했고, 2022년《타임Time》은 가장 영향력 있는 인물 100명 중 하나로 그를 선정했다. 이는 우리가 서로를 지지하면 충분히 소외를 벗어날 수 있다는 것을 보여준다.

마르크스의 소외 이론은 현대 사회의 노동을 설명하는 데도 유효하다. 그렇기에 자칫하면 노동에 지친 우리를 비관적으로 만들 수 있다. 그래도 우리는 더 많이 알고, 더 많은 철학을 공부하고, 더 제대로 현실을 직시해야 한다. 그래야 더 지혜롭게 사유하고 행동할 수 있다. 자본주의 사회에서 노동하는 우리 모두가 철학을 통해 덜 소외되는 삶을 살게 되기를 바란다.

Chapter 13.

나와 다른 의견을
바라보는 법

밀의 《자유론》

《자유론》에서 밀은 정부가 법을 이용해서 혹은 사회가 집단 의견의
힘으로 개인의 자유를 침범하면 안 된다고 강조했다. 그렇다면 개
인은 뭐든지 해도 될까? 물론 아니다. 남에게 피해를 주거나 남의
자유를 억압할 때는 유일하게 예외로 한다.

트위터, 머스크
그리고 철학

2022년 10월 테슬라Tesla의 CEO 머스크가 트위터Twitter 를 인수했다. 이에 관해 유명 팟캐스트 〈필로소피 바이츠 Philosophy Bites〉의 호스트 철학자 나이절 워버턴Nigel Warburton은 다음과 같은 재미있는 트윗을 올렸다.

> 트위터 창업자 비즈 스톤Biz Stone은 읽은 책. 머스 크는 읽었을까?

여기서 지칭하는 책은 워버턴의 《표현의 자유: 아주 짧 은 입문서Free Speech: A Very Short Introduction》로, 스톤은 과거 이 책을 읽고 있다고 트윗한 바 있다. 트위터의 창업 자는 왜 이 철학서를 읽는다고 공공연하게 알렸을까? 그리 고 트위터의 새 CEO가 이 책을 읽었는지 여부가 왜 중요 해진 것일까?

머스크는 트위터 인수 의사를 밝히며 모든 '합법적인' 글은 검열하지 않겠다고 밝혔다. 법에 걸리는 글만 아니라면 표현의 자유 범주 안에 있다고 간주하고 제재를 가하지 않겠다는 것이다. 머스크의 발언이 있고 나서, 2021년 폭력을 장려했다는 명목으로 트위터에서 영구 삭제된 도널드 트럼프Donald Trump 전 미국 대통령의 계정이 복구되는 것이 아니냐는 예측도 있었다. 이렇게 머스크의 인수 초기에는 트위터의 콘텐츠 검열이 훨씬 더 느슨해질 것이라는 생각이 지배적이었다.

밀의
피해 원칙

표현의 자유를 중요하게 여기는 태도는 1806년 영국 런던에서 태어난 철학자 밀의 철학에 사상적 토대를 두고 있다. 밀은 제러미 벤담Jeremy Bentham과 함께 공리주의의 대표 주자로 알려져 있다. 동시에 대표적인 자유주의 사상가이기도 하다.

《자유론On Liberty》에서 밀은 정부가 법을 이용해서 혹은 사회가 집단 의견의 힘으로 개인의 자유를 침범하면 안 된다고 강조했다. 그렇다면 개인은 뭐든지 해도 될까? 물론 그렇지 않다. 밀의 '피해 원칙Harm Principle'에 따르면 남에게 피해를 주거나 남의 자유를 억압할 때는 유일하게 예외로 한다.

여기까지 읽으면 트위터 검열을 어디까지 해야 하는가는 토론거리도 아니라고 생각할 수 있다. 밀의 피해 원칙에 의거해 남에게 피해를 주는지를 따져보면 되지 않는가? 하지만 철학자의 원칙을 현대에 적용하는 것이 그렇게 간단한 문제는 아니다.

먼저 밀의 피해 원칙에서 '피해harm'라는 개념은 단순히 남에게 부정적인 영향을 주는 것을 의미하지 않는다. 밀은 '기분 나쁘게 하는 것offense'과 피해를 구분했다. 가짜 의학 정보를 퍼뜨려 그것을 읽은 사람이 죽을 위기에 처했다면 그것은 분명히 피해다. 하지만 밀은 남에게 욕을 한다거나 수위 높은 비판을 하는 것은 단지 남을 기분 나쁘게 하는 것일 뿐 피해는 아니라고 볼 가능성이 높다. 한편 현대의 철학자들은 '모욕 원칙Offense Principle'을 내세워 남을 크게 기분 나쁘게 하는 행위도 제재해야 한다고 주장한다. 정말 흥미로운 주제다.

그렇다면 남에게 피해를 주는 행위는 무조건 제재해야 할까? 이것 역시 복잡한 문제다. 밀은 공리주의자였기 때문에 공리주의에 의거해 이를 판단해야 한다고 생각했다. 공리주의는 결과주의적 도덕철학 이론으로, 어떤 행위의 결과에 따라 그 행위의 도덕성을 판단한다.

예를 들어 '선의의 거짓말은 해도 괜찮을까?'라는 질문을 가정해보자. 의무론deontology은 결과와는 상관없이 원칙적인 옳고 그름에 따라야 한다고 주장하는 이론이기 때문에, 의무론자라면 '거짓말은 남을 속이는 나쁜 행위' 같은 원칙을 토대로 반대할 가능성이 높다. 하지만 공리주의자는 선의의 거짓말을 함으로써 어떤 결과가 생길지를 생각해볼 것이다. 그리고 만약 그로 인해 피해를 보는 사람은 딱히 없고 거짓말을 듣는 대상이 행복해진다면 그 거짓말은 도덕적인 행위가 될 수 있다.

보통 공리주의 철학을 설명할 때 '최대 다수의 최대 행복'을 지향한다고 말한다. 이를 다시 말하면 열 명을 행복하게 하는 행동이 다섯 명을 행복하게 하는 행동보다 더 도덕적인 것이다.

참고로 내가 '가능성이 높다' 혹은 '될 수 있다'같이 표현하는 이유는, 같은 공리주의자 혹은 의무론자라고 해서 모든 행위를 동일하게 판단하는 것은 아니기 때문이다. 철학은 수학 함수처럼 인풋을 넣으면 정해진 아웃풋이 나오는 학문이 아니다. 철학자들은 지금도 공리주의라는 큰 틀 안에서 크고 작은 문제들을 어떻게 해석하는 것이 좋을지 고민하고 토론하고 있다.

공리주의적 관점에서 본 트위터 검열

이제 트위터 검열 문제를 공리적인 관점에서 다시 바라보자. 공리주의적으로 본다면 논란이 되는 거의 모든 트윗을 제재해야 한다고 생각할 수 있다. 어떤 트윗으로 여러 명이 피해를 입었다면 그 트윗을 없애는 것이 다수를 행복하게 만드는 행동일 테니 말이다. 쉽게 생각하면 최대한 많은 사람을 불만 없이 행복한 상태로 유지하려면 피해를 줄 만한 트윗들은 다 원천 차단하면 된다!

그런데 밀은 그렇게 생각하지 않았다. 벤담은 모든 행복은 똑같은 효용을 가진다고 봤지만 밀은 행복에도 고차원적인 행복(예를 들어 교향곡을 작곡하는 것)이 있고 저차원적인 행복(예를 들어 드러누워 감자칩을 먹는 것)이 있으며, 행복이 고차원적일수록 공리주의적으로 더 큰 효용을 가진다고 주장했다.

나아가 《자유론》에서 그는 공리(혹은 행복), 즉 공리주의의 단위를 아주 넓게 해석한다고 이야기했다. 단순히 공리주의는 몇 명이 당장 기분이 좋으냐를 판단하는 것이 아니라 '진보하는 인간의 영구적인 이익permanent interests of man as a progressive being'에 기반해야 한다는 것이다.

이런 밀의 주장을 트위터 검열 문제에 적용해보면 단발적으로는 논란이 되는 트윗 대부분을 제재하는 것이 이용자 간 갈등을 줄이는 방법처럼 보일 수 있지만 장기적으로는 그렇지 않을 수 있다는 결론이 나온다. 그렇다면 대다수의 트윗을 제재함으로써 야기되는 안 좋은 일로는 무엇이 있을까? 머스크의 다음 발언을 보자.

> 표현의 자유는 제 역할을 하는 민주주의의 기반이며, 트위터는 인류의 미래에 관한 중요한 질문들에 관해 토론하는 디지털 광장이다.

머스크의 발언은 트위터의 상징은 교류고, 이 교류는 인류의 미래를 민주주의적으로 결정하는 데 큰 역할을 한다는 의미를 담고 있다. 이것으로 추측할 때 트윗을 엄격하게 검열하는 문화가 트위터라는 앱, 나아가 그 앱이 추구하고자 하는 가치를 훼손한다고 해석할 수 있을 것이다. 머스크는 트위터에서 표현의 자유를 허락하는 것이 결국 인류에 더 큰 이익이라고 주장한 셈이다.

밀도《자유론》에서 표현의 자유를 보호함으로써 인류가 얻을 이익이 있으며 어떤 의견 혹은 믿음이 옳든 틀리든 관계없이 표현의 자유를 지켜줘야 한다고 주장했다. 그 이유는 첫째로 그 의견이 맞는지 아닌지 다수의 입장에서는 쉽게 판단할 수 없다. 만약 그 의견이 알고 보니 옳았다면, 왜 이를 표현하는 것이 모두에게 더 좋은지는 자명하다. 둘째로 전체적으로는 틀린 것처럼 보여도 부분적으로는 진실을 담고 있을 수도 있다.

재미있는 것은 만약 그 믿음이 아예 틀린 믿음이었다고 하더라도 그것이 자유롭게 표현되는 것이 조직 전체에 이득이라고 밀은 확신했다. 이는 표현하는 사람들에게만 좋은 것이 아니라 오히려 듣는 사람들에게 큰 이익이라고도 이야기했다.

틀린 믿음을 들어서 뭐 하냐고? 밀은 아무리 자기 의견이 옳다고 확신한다고 해도 그 의견에 관해 충분히 토론하기 전까지는 죽은 진리를 가진 것이나 다름없다고 믿었다. 옳을 리 없어 보이는 관점이라도 충분히 듣고 이해해야, 한 주제에 관한 다양한 의견을 인지하고 비교하고 고려할 수 있다. 이 과정에서 사고의 지평이 넓어지고 지성의 발달이 이뤄진다.

밀은 표현의 자유를 억압하는 것은 조직 전체가 더 발전할 기회를 앗아가는 것이나 다름없다고 주장했다. 머스크 역시 트위터에서 자신의 믿음과 그 정당성을 주장하고 함께 토론하는 것은 마찬가지로 인류 지성에도 발전을 가져다줄 것이라고 믿었던 것 같다(다만 이후 행보가 과연 그 믿음을 올바르게 반영했는지는 많은 논쟁의 중심이 되는 주제다).

나와 다른
의견을 만났을 때

여기서 기억해야 할 점은 표현의 자유에 관해 토론하는 수많은 사람은 표현의 자유를 한껏 누리고 있다는 사실이다. 머스크만 해도 그렇다. 아마 머스크는 자기가 100퍼센트 옳다고 생각해서 그런 말을 하지는 않았을 것이다. 앞서 밀이 이야기했듯 어떤 발언이 설령 틀릴지라도 그 안에는 부분적 진실이 담길 수 있다. 최소한 이런 입장도 있다는 사실을 사회에 내놓음으로써 사람들에게 이를 깊이 고민하고 다양한 관점에서 생각할 기회를 줄 수 있다.

나는 스탠퍼드 나아가 실리콘밸리에서 자기 생각을 자신 있게 말하는 태도가 남을 기분 나쁘게 하지 않기 위해 의견을 내놓지 않고 동의만 하거나 빙빙 돌려 말하는 것보다 훨씬 더 환영받는다고 느꼈다. 학교 수업의 토론이나 회사의 업무 회의는 물론이고 사적인 대화에서도 그랬다. 자기 의견이 다수의 의견과 다르더라도 기죽지 않고 당당하게 드러내는 문화랄까?

이 이야기를 하니 스탠퍼드에서 친하게 지냈던 제인의 생일 파티가 생각난다. 생일 파티라고 해봤자 그저 제인과 친한 친구들 여덟 명 정도가 샌드위치 가게에 모이는 정도였지만, 철학과 경제학을 복수 전공하며 하루의 대부분을 도서관에서 보내던 제인을 일단 캠퍼스 밖으로 끌고 나온 것만 해도 큰 성공이었다.

나는 제인을 철학 수업에서 만났고 다른 친구들은 대부분 경제학 전공이었다. 제인의 친구들과 나는 초면이었지만 나는 나름대로 '아싸 중의 인싸' 기질이 있어 새로운 사람을 만나는 것에 두려움이 없는 편이었다. 무슨 기숙사에 사느냐 같은 신변잡기가 잠깐 이어지고 아니나 다를까, 제인이 "요즘 관심 가는 주제를 각자 이야기해보자"며 진지한 표정을 지었다.

그러자 다른 친구들의 표정이 덩달아 진지해졌다. 각자

가장 효율적인 경제 시스템은 무엇인지, 어떤 사회적 기업을 만들어야 인종차별 문제에 도움이 될 수 있는지 등을 말했다. 나는 당시 연구 주제였던 감정과 사용하는 단어의 상관관계에 관해 이야기했다. 정신철학적 의의에 관해서도 대화를 나눴던 것 같다. 사실 같이 이야기하는 친구들의 지적 텐션을 따라가느라 샌드위치가 입으로 들어가는지 코로 들어가는지도 모를 정도였다.

내가 살짝 움찔했던 것은 피터가 자신이 공화당의 지지자인 것을 밝히며 토론을 정치적인 분위기로 이끌었을 때였다. 그 자리에서 나는 유일한 외국인이었기 때문에 논외로 치더라도 피터를 제외한 모두는 민주당 지지자였다. 단순히 정치철학적 이야기만 한다면 큰 문제는 없겠지만, 사실 내가 조마조마했던 이유는 그 자리에 있던 친구 중 한 명이 동성애자였기 때문이었다. 공화당은 동성 결혼을 반대하는 정당이다. 모두가 이 사실을 알았기 때문에 혹시나 토론이 감정적으로 흘러갈까 봐 내심 걱정했다.

하지만 걱정은 기우였다. 피터는 자신의 의견에 공감하는 사람이 없다는 것을 알면서도 꿋꿋이 토론을 이어나갔다. 그리고 나머지 친구들도 아무도 피터가 소수 의견을 가졌다는 점을 이용해 의미심장하게 눈빛을 교환하거나 한꺼번에 반박해서 피터를 곤란하게 하지 않았다. 열정적이면서도 선을 넘지 않는 토론이 이어질 뿐이었다. 수업 같은 공적인 자리가 아닌 사적인 자리에서도 이렇게 수준 높은 토론이 가능하다는 것이 새삼 놀라웠다.

그날 나는 한층 더 지적으로, 도덕적으로 성숙한 사람이 돼서 기숙사로 돌아갔다. 아마 밀이 그 자리에 있었다면 우리에게 박수를 보냈을 것이다. (여담이지만 몇 년 뒤 이 멤버 모두가 직장인이 되고 제인의 결혼식을 위해 모였을 때도 우리는 어김없이 똑같은 주제로 한판 토론을 벌였다.)

밀에 관해 더 알아보고 싶다면…

《자유론》은 짧아서 금방 읽을 수 있기도 하고, 인생에서 꼭 한 번은 읽어봐야 하는 책이다. 비단 사회가 침범하지 못하는 개인의 자유에 관한 메시지뿐만 아니라 왜 개개인이 더 독립적이고 비판적으로 생각해야 하는지까지 역설하므로 동기부여용으로도 정말 유용하다.

《공리주의Utilitarianism》는 그야말로 밀의 공리주의 사상을 자세히 알 수 있는 책이다. 공리주의에 관한 여러 의문이 해결될 수 있으니 도덕철학에 관심이 있다면 꼭 읽어보라.

《여성의 종속Enfranchisement of Women》에서 밀은 양성의 법적, 사회적 평등을 주장한다. 성적 불평등과 여성의 종속은 인류의 발전을 크게 저해하는 요소 중 하나라고 이야기한다. 오늘날 적용되는 부분이 있는지 생각해보는 것도 큰 재미!

Chapter 14.

내 영향력
과소평가하지 않는 법

글로버의 가분성 원칙

윤리학은 인간으로서 어떻게 행동하고 살아야 하는지에 대한 철학
이다. 이는 우리가 학창 시절 배운 도덕 교과서와는 다르다. 남들이
납득할 만한 논증을 논리적으로 풀어나가는 것을 무엇보다 중요하
게 여긴다.

쓰레기로 쓰레기
감별하기

"나 소개팅 잡혔어!"

미셸이 흥분해서 기숙사의 무거운 정문을 박차고 들어왔다. 라운지에 앉아 과제를 하던 친구들이 저마다 조언을 내뱉기 시작했다. 이번에야말로 너의 '배드 비치bad bitch' 면모를 보여주라(나쁜 여자가 되라는 것이 아니라 매력적이고 주도적인 모습을 보여주라는 뜻이다), 암벽 등반을 하러 가서 매력을 어필하라 등등…. 그런데 평소 깐깐하기로 유명한 산타나가 레스토랑에 가서 '웨이터 테스트'를 통과하는지 잘 보라는 특이한 조언을 내놓았다. 상대가 웨이터를 대하는 태도를 보면 그의 인성을 알 수 있다는 말이었다.

"에이, 아니지!"

침묵을 지키던 내가 큰 소리를 내자 모두의 이목이 집중됐다. "누가 자기 얼굴을 내놓고 웨이터를 무례하게 대하겠어? 내가 했다는 꼬리표가 달리지 않는, 익명으로 하는 행동을 봐야 확실할 텐데 말이야."

내 말을 들은 친구들은 고개를 끄덕였다. 익명으로 하는 행동의 적절한 예시를 한참 찾다가 우리가 함께 생각해낸 것은 바로 '쓰레기 테스트'였다. 인간쓰레기를 판별하는 테스트가 아니라 말 그대로 쓰레기를 어떻게 처리하느냐를 보는 테스트다. 해보고 싶다고? 간단하다.

> Q. 다른 사람이 재활용 쓰레기를 확실하게 처리하지 않아 더러워진 쓰레기장에서 어떻게 행동하는가?
>
> A. '이미 더러워졌는데 나 하나 더한다고 티가 나겠어?' 하는 마음에 대충 쓰레기를 던져놓는다.
>
> B. 최선을 다해 정석대로 쓰레기를 처리한다.

답을 아는 것과
납득하는 것의 차이

한국에서 초등학교를 다녀본 사람이라면 도덕 시험의 경

험으로 B가 좋은 답이라는 것을 눈치챘을 것이다. 이때 막연히 규칙을 따라야 해서가 아닌 B처럼 행동해야 할 정확한 근거가 무엇인지 생각해볼 필요가 있다.

내가 쓰레기 하나를 분리수거 하지 않으면 그만큼 분명히 누군가에게 수고가 더해진다. 그런데 쓰레기 1000개를 처리하는 것과 1001개를 처리하는 것에 큰 차이가 있을까? 누군가가 감지할 만한 영향을 주는 것일까? 사실상 차이가 없다면 쓰레기 하나 정도를 분리수거 하지 않는 것은 도덕적으로 무해한 행동 아닐까?

비슷한 예시를 들어보겠다. 요즘은 기후 변화에 대한 경각심이 높아지는 추세지만 사실 대부분 일상에서 특별히 다르게 행동하지는 않는다. 환경을 지키려고 노력하는 사람들의 관점에서 매일 죄책감 없이 플라스틱을 쓰고 에어컨을 펑펑 트는 것은 분명 이기적일 수 있다. 그들은 그 행동을 우리가 죽은 뒤 지구에서 살아갈 후손을 생각하지 않는 것이라고 생각하기 때문이다.

하지만 나는 사람들이 정말 이기적이어서 이런 행동을 한다기보다는 오늘 내가 한 작은 선택이 미래에 정말 눈에 띄는 영향을 끼칠지 의구심을 품기 때문에 그런다고 생각한다. 내 가설은 간단한 사고실험으로 시험해볼 수 있다.

나 하나의 행동에 지구의 미래가 달려 있다고 가정해보자. 예를 들어 내가 1년간 매일 플라스틱 컵 대신 머그잔을 쓰면 기후 변화가 눈에 띄게 완화될 것이고 반대라면 악화될 것이 확연하다. 나는 더 이상 79억 인구 중 한 명이 아니라 지구의 운명을 짊어진 사람이다.

이런 상황이라면 아마 대부분 지금보다 환경을 보호하기 위해 노력하지 않을까? 나 하나의 행동이 아니라 내가 사는 동네, 아니 도시 인구 전체의 행동으로 범위가 확대돼도 지금보다는 사명감이 훨씬 더 커질 것이다. 내 노력이 불러일으키는 변화가 아주 크게 느껴지기 때문이다.

자, 여기까지 내 말에 동의하는가? 이제 다음과 같이 생각할 수 있을 것이다. '그래서 어쩌라고? 사고실험에서는 그렇다고 해도 현실에서는 나 하나의 행동에 달린 것이 아니잖아. 내가 오늘 플라스틱 컵 대신 머그잔을 사용하는 게 실제로 지구의 미래에 티끌만큼이라도 영향을 주겠어? 어

림도 없는 소리.'

　우리는 어렸을 때부터 '티끌 모아 태산'이나 '천릿길도 한 걸음부터' 같은 속담에 도덕적 세뇌(?)를 당해왔다. 작은 노력을 가벼이 여기면 안 된다는 메시지를 알리기 위해 초등학생 때 포스터를 그리고 상도 받았을지 모른다. 지금 그 교훈을 삶에 얼마나 적용하고 있는가? 논리가 뒷받침되지 않은, 즉 이성적으로 나를 납득시키지 못한 '좋은 말'은 대부분 행동 자체에 꾸준한 변화를 일으키기 어렵다.

　그래서 우리에게는 철학이 필요하다. 윤리학은 인간으로서 어떻게 행동하고 살아야 하는지에 대한 철학이다. 이는 우리가 학창 시절 배운 도덕 교과서와는 다르다. 남들이 납득할 만한 논증을 논리적으로 풀어내는 것을 무엇보다 중요하게 여기는 학문이다. 감정이나 양심에 호소하는 것도 어느 정도 필요하겠지만 윤리학 원칙이나 논증을 지성으로 이해하고 나면 그를 실천해야 하는 이유를 훨씬 쉽게 받아들일 수 있다. 그러니 '나 하나쯤 (안) 한다고 뭐 어떻게 되겠어?'라고 생각하고 행동해왔다면 혹은 그런 사람을 설득하고자 한다면 윤리학자 조너선 글로버Jonathan Glover의 사고실험을 자세히 살펴보자.

가분성 원칙과
도둑들

글로버는 1941년 태어난 영국 옥스퍼드 출신 철학자로 킹
스칼리지런던 윤리학과 교수다. 대표작은 낙태, 영아 살인,
자살, 안락사, 사형, 전쟁 등 생명윤리 문제를 다룬《죽음의
원인과 생명 구조Causing Death and Saving Lives》, 20세기
에 일어난 비인간적인 역사적 사건들을 철학적으로 분석
한《휴머니티: 20세기의 폭력과 새로운 도덕Humanity: A
Moral History of the Twentieth Century》등이 있다.

　글로버는 가분성 원칙을 이렇게 정의했다.

> 피해가 정도의 차이인 경우 한계점 아래의 행위는
> 그것이 초래하는 피해만큼 잘못됐으며, 내 행위와
> 같은 행위 100개가 더해져야 감지 가능한 피해가
> 나타난다면 나는 그 피해의 100분의 1을 초래한
> 것이다.

쉽게 정리하자면 단 하나의 행위는 감지할 수 있는 차이를 만들지 않는다고 하더라도, 즉 한계점 아래에 있더라도, n명이 같은 행위를 함으로써 감지 가능한 차이를 함께 만들었다면 각각은 그 피해의 n분의 1만큼을 초래한 책임이 있다는 것이다.

뭐, 이론적으로 그럴 수도 있겠지만 아직 와닿지 않는다고? 글로버는 이런 반응에 대비해 이야기를 하나 만들었다. 이 이야기는 가분성 원칙을 무시하면 생기는 문제를 단적으로 보여준다. 재미를 위해 글로버의 이야기에 내가 살을 붙여보겠다. 자, 이야기를 들을 준비가 됐는가?

주민이 100명인 마을이 있다. 이 마을에는 마을 사람 모두가 함께 모여 점심을 먹는 전통이 있다. 어느 날 여느 때와 같이 점심을 먹으려고 모인 광장에서 소동이 벌어졌다. 도둑 100명이 들이닥친 것이다.

"모두 도시락 내려놓고 머리에 손 올려! 반항하면 쏜다!"

마을 사람들은 두려움에 떨며 도둑의 말에 순순히 따랐다. 도둑들은 각자 마을 사람 한 명씩의 도시락을 갖고 사라졌다. 도둑 들이 마을 사람 각각에게 감지 가능한 피해를 준 것이다.

다음 주가 됐다. 점심시간이 가까워지자 도둑 모임에서 이런 대화가 오갔다.

"뭐 먹지? 야, 배달 앱 켜봐."

"뭐 하러 돈을 써? 또 그 마을 가서 훔쳐 오면 되잖아. 우리처럼 딱 100명이라 부족하지도 않고 남는 걸로 싸울 필요도 없던데."

"사실 그날 양심의 가책을 느꼈어. 그런 일을 또 해도 될까? 대장, 대장은 어떻게 생각해?"

가만히 듣고 있던 대장은 공교롭게도 가분성 원칙을 믿지 않는 사람이었다. 그는 양심의 가책도 느끼지 않고 점심을 훔쳐 먹는 것이 가능하다며 새로운 제안을 했고 도둑들은 이에 따르기로 했다.

도둑들이 마을에 도착했다. 마침 마을 사람들이 모여 점심을 먹으려던 차였다.

"자, 저번처럼 도시락 내려놓고 머리에 손 올려!"

마을 사람들을 포박한 뒤 살펴보니 이번 도시락은 구운 콩이었다. 도시락 하나당 콩이 100개나 들어 있었다. 콩 하나가 사라진다고 하면 마을 사람이 느끼는 효용의 차이는 감지 불가능한 정도일 터였다. 따라서 각 도둑은 저번처럼 도시락 하나를 통째로 훔치지 않고 돌아가며 각 도시락에서 콩 하나씩을 훔쳤다. 이 방법으로 도둑들은 아무런 양심의 가책을 느끼지 않을 수 있었다. 도둑 한 명이 마을 사람 한 명에게 준 피해는 감지 불가능한 정도, 즉 0이나 다름없었기 때문이다.

당신의 도덕적 직관은 뭐라고 하는가? 도둑들이 뭔가 단단히 잘못 생각하고 있다는 생각이 드는가? 아니면 도둑들이 정말 똑똑하다는 생각이 드는가?

아무래도 좋지만, 적어도 이 이야기로 글로버가 전하고 싶었던 메시지는 이것이다. 내 행동 자체의 영향이 감지 불가능하다고 해서 그 행동이 초래한 피해가 0이라고 생각하면 이 이야기의 도둑들 같은 오류를 범하게 된다. 분명히 피해를 줬음에도 아니라고 생각하게 된다는 것이다.

이런 오류를 해결하는 것이 바로 가분성 원칙이다. 이 이야기에 가분성 원칙을 한번 적용해보자. 가분성 원칙에 따르면 각 도둑이 초래한 피해는 도둑 집단이 함께 일으킨 총 피해를 참여한 도둑들의 수로 나눈 만큼이다. 그렇다면 마을 사람 100명의 굶주림을 도둑 100명으로 나눈 만큼이 될 것이고, 도둑 한 명마다 마을 사람 한 명의 굶주림을 초

래한 책임이 있다는 결론으로 이어진다. 글로버는 이것이
옳은 결론이라고 생각했다.

비판적으로
생각하기

여기서 강조하고 싶은 것이 있다. 이해를 동의와 착각하지
말자는 것! 우리는 무의식적으로 권위자의 말에 반대하는
것을 두려워한다. 한 분야에서 권위자로 인정받을 정도로
똑똑한 사람의 의견에 동의하지 않으면 그 심오한 생각을
이해하지 못했다고 보일까 봐 걱정하기 때문이다. 뭔가를
이해하면 그 자체만으로 뿌듯해서 고개를 끄덕이게 되기
도 한다. 하지만 지금 이 상황을 예로 들자면 글로버가 도
둑 이야기로 어떻게 가분성 원칙을 증명하려고 했는지 이
해하는 것과 이에 동의하는 것은 엄연히 다르다.

철학을 한다는 것에는 다른 사람의 철학을 비판적으로

사고하는 과정이 포함된다. 그러니 지금까지 읽은 글로버의 논증에 대해 당신의 견해를 파악하는 시간을 꼭 갖길 바란다. 이때 비판적으로 사고하라는 말은 일부러 눈을 가늘게 뜨고 어떻게든 트집을 잡으라는 뜻이 아니라 당신을 아주 미세하게라도 고개를 갸우뚱하게 한 지점이 있었다면 이를 그냥 넘기지 않고 더 깊이 파고들라는 의미다.

예를 들어 애초에 도둑들 100명이 아닌 단 한 명의 도둑만이 존재했다고 가정해보자. 그리고 그 도둑이 마을 사람들의 도시락 100개에서 콩을 딱 하나씩 훔쳤다면? 콩이 100개에서 99로 줄어드는 것의 차이가 감지 불가능한 것이 맞는다면? 그 도둑은 실제로 마을 사람들에게 피해를 줬다고 할 수 없다. 이 결론은 가분성 원칙을 적용해도 마찬가지다.

그런데 그 도둑이 다른 도둑 99명과 함께 가면 개인적으로는 똑같은 행위를 했는데도 가분성 원칙에 따른 책임의 정도가 갑자기 달라진다. 아까 봤듯이 각 도둑은 마을 사람 한 명의 굶주림에 대한 책임이 있다는 결론이 나오기 때문이다. 나는 똑같이 행동했는데 다른 사람들과 같이 했느냐 여부에 따라 내 책임이 달라지는 것이다.

당신은 이 반론을 받아들일 수 있는가? 현실에서도 여전히 그런가? 아니면 글로버의 도둑 이야기와 가분성 원칙에는 역시 오류가 있는가?

실리콘밸리의
변화

실리콘밸리의 문화는 혁신에 치중하는 경향이 있다. 그래서 한때는 가분성 원칙에 따라 우리 모두 기후 위기에 책임이 있고 이를 해결하는 데 제 몫을 하지 못하고 있다고 자성하기도 했다. 하지만 지금은 분위기가 좀 달라졌다. 실리콘밸리는 기후 기술climate tech 스타트업에 주목하고 있다.

2021년 기후 기술 스타트업들은 2020년도의 두 배를 뛰어넘는 400억 달러 투자 유치에 성공했다. 그중 2020년 창업한 클라이밋베이스Climatebase는 벌써 50만 명 이상이 기후 기술 분야에 취업하도록 도왔다. 클라이밋베이스의 공동 창업자인 저스틴 하딘Justin Hardin에 따르면 실리 콘밸리 엔지니어들에게 '가짜 뉴스와 가짜 계정이나 처리 해야 하는' 소셜 미디어 같은 산업 분야는 더 이상 급선무 가 아니다. 이들은 메타나 구글 같은 회사에서보다 기후 기 술 회사에서 세상에 영향력을 훨씬 더 크게 미칠 수 있다는 것을 깨닫고 소속을 옮기고 있다.

이런 흐름을 보면 실리콘밸리에서 가분성 원칙이 어느 정도 받아들여진다는 것을 유추할 수 있다. 많은 사람이 기 후 기술 분야에서 일함으로써 세상에 변화를 일으킬 수 있 다고 믿고 있으니 말이다. 그러면 우리도 당장 기후 기술 분야로 이직해야 하는 것일까? 그럴 리 없다. 가분성 원칙 은 기후 위기와 가장 크게 연관된 철학이기는 하지만, 사실 우리 삶 전반에 소중한 교훈을 준다. 바로 '다수 뒤에 숨지 않고 내 책임을 인지하는 태도'다.

어떤 일을 하든 내가 미치는 영향력을 과소평가하지 않 고 책임감을 가진다면 더 윤리적인 삶을 살 수 있지 않을까?

Chapter 15.

어렵게 번 만큼
의미 있게 쓰는 법

싱어의 연못 사고실험

싱어는 옷을 버리고 연못에 빠진 아이를 구할 것인가에 관한 사고
실험을 제시했다. 싱어에 의하면 우리는 모두 아이의 생명보다 옷
을 중요하게 여기는 선택을 한 적이 있다. 아니, 거의 매일 하고 있
다고 봐도 될 것이다.

선 넘는 게임에서
배운 것

스탠퍼드에 갓 입학한 신입생들의 공동체 의식을 형성하기 위해 기숙사 선배들은 여러 가지를 준비한다. 그중 기억에 남는 것은 단연 '선 넘기cross the line'라는 게임이다. 이 게임의 이름은 중의적인데 말 그대로 바닥에 선을 그어놓고 넘어 다니는 동시에 일반적으로 '선을 넘는다'라고 생각할 만큼 민감한 주제를 다룬다.

게임을 시작하면 모두 바닥에 그은 선 뒤에 모인다. 사회자의 발언이 자신을 묘사한다고 생각되면 선을 넘는다. 내가 게임에 참여했을 때 사회자였던 선배는 '나는 형제자매가 있다' 같은 순한 맛(?)으로 시작해서 '나는 돈 때문에 어려움을 겪은 적이 있다', '부모님이 둘 다 대학을 졸업했다'와 같이 점점 대답하기 꺼려질 수 있는 주제로 수위를 높였다. 게임에서는 '나는 가족 중 처음으로 대학에 진학한 사람이다', '우리 부모님의 총소득은 5만 달러가 되지 않는다', '나는 인종차별로 인한 증오 범죄를 겪어본 적이 있다'

같은 질문도 나왔다.

게임 내내 정적이 흘렀다. 어색함보다는 엄숙한 분위기로 인한 것이었다. 내게는 당연한 것이 다른 사람에게는 그렇지 않을 수 있고 그 반대의 경우도 있다는 사실을 깨달으며 우리는 각자가 살아온 우물 밖으로 나오게 된 것에 감사해했다.

이 게임을 하면 누군가보다 상대적으로 높은 사회경제적 지위를 가진 것이 자랑스러울까? 전혀 그렇지 않았다. 인스타그램에서 불특정 다수에게 자신이 가진 것을 자랑하는 행동과 다양한 배경을 가진 사람들 앞에서 자신의 특권privilege을 드러내는 행동은 다르다. 전자는 잠시나마 우월감을 가져다줄지 몰라도 후자는 오히려 고개를 숙이게 만든다.

자기가 가진 특권을 인지하면 타인을 더 잘 이해할 수 있다. 나아가 세상을 바라볼 때 편협한 시각에서 벗어나게 된다. 상대방의 행동이나 걱정이 별나고 유난스러워 보여도 그런 걱정을 하지 않아도 되는 나의 특권을 떠올리면 상대를 이해하고 배려하게 된다. 이런 주제를 이야기하는 것을 금기시하기보다 이에 관해 자유롭게 토론하는 분위기에서 공부하고 생활하며 나는 훨씬 더 성숙한 인간이 됐다고 생각한다.

제가
나쁜 사람이라고요?

내가 스탠퍼드에 다닐 때 친구들은 자신이 중요하다고 생각하는 자선 단체에 자연스럽게 기부했다. 또 남들에게 그 단체에 기부해달라고 요청하는 일이 빈번했다. 공부하느라 잠도 제대로 못 자는 학생들이 손수 컵케이크를 구워 팔며 기부금을 모으는 식이었다.

당시 나는 그런 친구들을 도우면서도 학생인 내가 따로 어딘가에 기부할 필요는 없다고 생각했다. 기부를 할 만큼 돈을 번다고 해도 그건 순전히 내 자율적인 선택에 달린 문제이지 도덕적으로 해야 할 일이라고는 생각하지 않았다. 〈현대의 도덕적 문제들Contemporary Moral Problems〉이라는 철학 수업을 듣기 전까지는 말이다.

〈현대의 도덕적 문제들〉 수업에서 다룬 첫 철학자는 피터 싱어Peter Singer였다. 싱어는 1946년 호주에서 태어난 도덕철학자로, 현재 프린스턴대학교에서 생명윤리학을 가르치고 있다.

싱어는 자기 수입을 대부분 기부하는 것으로 유명하다. 나아가 경제적 특권을 가진 사회 구성원 모두가 기부해야 할 도덕적 의무가 있다고 주장하는, 어떻게 보면 꽤 극단적인 철학자다. 그는 현재 학자로서의 활동 외에도 '더 라이프 유 캔 세이브The Life You Can Save(당신이 구할 수 있는 생명)'이라는 단체를 운영하며 사람들이 더 효율적으로, 더 많이 기부하도록 격려한다.

내게 싱어의 주장은 너무 가혹해 보였다. 건강한 삶을 유지할 수 있는 최소한의 자산 외에는 전부 기부하는 것을 도덕적으로 '요구'하다니? 권장하는 것도 아니고 말이다. 어떤 행동을 도덕적으로 요구한다는 것은 '이를 지키지 않는 사람은 비도덕적이다'와 같은 이야기다. 앞으로도 싱어의 요구에 응할 계획이 없는 내가 소위 말해 나쁜 사람이라는 말인가?

나는 내 도덕성을 지키려는 처절한 몸부림의 일환으로 그 어느 때보다 열정적으로 〈현대의 도덕적 문제들〉 수업의 에세이를 써냈다. 지금 생각하면 부끄러울 정도의 논증인데, 요는 자산이 많은 사람은 자산의 최소 기준이 다르다는 것이었다. 원래 사람이 모르면 모를수록 더 당당하지 않은가? 나는 내 주장이 꽤 그럴듯하다고 생각하며 당당히 에세이를 제출했다.

내 자신감은 곧 와장창 깨졌다. 돌려받은 에세이에는 교수님의 질문 세례가 퍼부어져 있었다. 그런데 의아한 점은 에세이의 점수가 높았다는 것이다. 이렇게까지 의문이 많이 드는 에세이에 대체 왜 높은 점수를 줬는지 알고 싶었다. 나는 당장 교수님에게 면담을 요청했다.

교수님과 나는 야외 벤치에 앉아 한참 설전을 벌였다. 결과는 나의 패배였다. 대화 이후 싱어가 말하는 수준까지는 아니더라도 기부가 도덕적 의무라는 생각을 하게 됐으니 말이다. 나는 그날 당장 세이브 더 칠드런Save The Children에 정기 기부를 시작했다(또 다른 흥미로운 사실은 바로 그날 교수님이 내게 철학 대학원 진학을 권했다는 점이다. 여러모로 내 삶을 바꾼 설전이었다).

싱어의
연못 사고실험

그렇다면 싱어는 어떤 방식으로 자기주장을 피력했으며 나는 이에 대체 어떤 허점이 있다고 생각했기에 설득되지 않았던 것일까? 싱어의 다음 사고실험을 살펴보자.

당신이 강사로 활동하는 대학교의 도서관에서 강의실까지 가는 길에는 얕은 연못이 있다. 강의를 하러 강의실에 가던 중 어린아이가 연못에 빠져 위험에 처한 것을 발견했다. 연못에 들어가 아이를 구조하면 당신의 옷이 진흙투성이가 돼버릴 것이다. 따라서 강의를 취소하거나 옷을 갈아입을 수 있도록 강의를 늦춰야 한다. 만약 강의 시간을 맞추려고 아이를 그냥 지나친다면 아이는 바로 죽게 될 것이다. 당신은 연못을 지나쳐 갔고 아이는 예상대로 죽었다.

싱어의 연못 사고실험에서 '당신'이 비도덕적으로 행동했다고 할 수 있을까? 물론이다! 아마 거의 모든 사람이 이에 동의할 것이다. 한 어린아이의 생명보다 자기 옷의 가치가 더 크다고 생각하는 사람은 없기 때문이다. 나 역시 그렇게 생각한다.

하지만 싱어에 의하면 우리는 모두 아이의 생명보다 자기 옷을 중요하게 여기는 선택을 한 적이 있다. 아니, 거의 매일 하고 있다고 봐도 될 것이다. 기부할 수 있는 돈을 꼭 필요하지 않은 물건에 소비할 때마다 우리는 죽어가는 아이를 죽게 내버려두는 것이다.

유니세프의 2020년 보고서에 따르면 2019년에 5세 이하의 아이들 520만 명이 돈이 있다면 피할 수 있는 요인으로 사망했다. 1분에 열 명가량이다. 우리가 살릴 수 있는 죽어가는 아이는 우리 눈에 보이지 않을 뿐 항상 세계 어딘가에 존재한다는 이야기다. 그런데도 우리는 눈에 보이지 않는다는 이유로 아이를 살리는 대신 비싼 옷을 사고 에어팟으로 음악을 들으며 분위기 있는 레스토랑에서 밥을 먹는다. 싱어의 사고실험이 성공적이라면 이 모든 소비는 비도덕적인 셈이다. 비단 소비하는 것뿐만 아니라 저축하거나 투자하는 것도 돈을 불려서 나중에 더 큰 금액을 기부하려는 게 아니라면 비도덕적이다.

싱어에 대한
반박

자, 당신은 어떻게 생각하는가? 당신은 정말 비도덕적인 사람인가? 보통 내가 그랬던 것과 같이 펄쩍 뛰고 싶을 것이다. 기부하는 사람은 좋은 사람이지만 기부를 하지 않는다고 해서 나쁜 사람은 아니라고 말하고 있지 않은가?

그렇다면 당신은 싱어의 연못 사고실험이 적절하지 않은 이유를 제대로 설명해야 한다. 다시 말해 연못에 빠져 죽어가는 어린아이를 지나치는 것과 기부 대신 자신을 위해 소비하는 것의 차이를 찾아내야 한다. 많은 사람이 가장 뚜렷한 차이로 '물리적 거리'를 꼽는다. 연못에서 죽어가는 아이는 눈앞에 있지만 다른 나라에서 죽어가는 아이는 내 눈에 보이지 않는다는 것이다. 하지만 앞서 이야기했듯 나와 가까이 있다고 해서 생명의 가치가 갑자기 더 높아지는 것은 아니다.

또 다른 흔한 대답은 바로 연못에서 내 옷을 버려가며 죽어가는 아이를 구하면 그 아이가 산다는 확신이 있지만 내가 소비하지 않고 기부한다고 해서 죽어가는 아이에게 정말 도움이 될지는 알 수 없다는 것이다. 하지만 조금만 조사를 해보면 이는 사실이 아니다. 요즘은 특히 자선 단체의 투명성이 강조되고 있다. 후원금 사용 내역을 투명하게 공개하는 옥스팜Oxfam 같은 자선 단체는 믿을 만하다고 확신할 수 있다.

그렇다면 조금 방향을 틀어서 이런 반박은 어떤가? 나와 비슷한 형편의 다른 사람들도 그만큼 기부하지는 않는다! 남들도 다 똑같이 행동하는데 그걸 비도덕적이라고 할 수 있느냐는 이 논리는 사실 착각에 불과하다. 공공장소에서 모두가 쓰레기를 아무 데나 버린다고 해서 그 행위가 비도덕적이라는 사실이 변하지는 않는다. 마찬가지로 싱어의 사고실험에서 죽어가는 아이를 보면서도 옷이 망가질까 봐 연못에 들어가지 않는 사람이 주위에 다수 있다고 해서 똑같이 지나친 사람의 행동이 비도덕적이지 않다고 할 수는 없을 것이다.

내가 생각하기에 사람들이 싱어의 주장을 반박하는 가장 큰 이유는 그의 사고실험에서 가정하는 상황이 살면서 흔히 경험하기 힘든 상황이라는 것이다. 우리가 살면서 연못에 빠져 죽어가는 아이를 구할 기회를 몇 번이나 마주치겠는가? 그걸 알면서도 아이를 구하지 않는 것은 확실히 비도덕적이다. 단 그 상황이 우리의 기부 및 소비 생활을 지적하는 데 적절한 비유가 되려면 우리는 매일, 아니 더 정확히는 살면서 끊임없이 얕은 연못에 빠져 죽어가는 아이를 구할 기회를 얻어야 한다.

그런데 싱어의 사고실험이 그렇게 연속적으로 일어나는 일이라면 아이를 구하지 않는 행위는 점점 덜 비도덕적으로 느껴질 것이다. 현실적으로 매일 연못에 빠져 옷을 버리고 수업에 늦는 것 역시 큰 문제이기 때문이다. 당신은 어떻게 생각하는가? 기부 대신 소비를 선택하는 행동의 정당성은 어디서 나오며 싱어의 연못 사고실험에는 어떤 문제가 있는가? 당신이 매일 비도덕적으로 행동하고 있다는 것에 동의하는가?

실리콘밸리의
사회 환원

실리콘밸리에서 일할 때 인상적이었던 것이 하나 있다. 바로 많은 회사가 기부금 매칭(회사에서 직원의 기부금만큼 해당 단체에 기부하는 제도)을 복지로 제공한다는 것이었다. 큰 회사뿐만 아니라 작은 스타트업도 마찬가지다.

꼭 옥스팜 같은 자선 단체에 기부하지 않더라도 어려운 상황에 있는 사람들을 도울 수 있는 방법은 무궁무진하다. 실리콘밸리의 비영리단체 키바Kiva의 창립자는 내가 정말 존경하는 선배인 맷 플래너리Matt Flannery다. 플래너리는 스탠퍼드에서 나와 똑같이 심볼릭 시스템스 학부 과정과 철학 석사 과정을 밟았기에 싱어를 비롯해 남을 돕는 것의 중요성에 관한 도덕철학을 공부했을 것이다.

키바는 독특하게도 아무에게도 돈을 기부하라고 하지 않는다. 대신 돈을 '빌려달라'고 한다. 사람들은 키바를 통해 지구 반대편에 있는 저소득층 개인 혹은 단체가 수익을 창출하는 데 필요한 초기 자금을 빌려줄 수 있다.

그중 96퍼센트가 실제로 대출을 상환한다. 단순히 어려움을 잠깐 해결해주는 것을 넘어 자립하는 것을 돕는 것이다. 정말 기발하기 그지없다. 키바는 내게 빌 게이츠Bill Gates, 저커버그처럼 세계적인 부자들이 만든 게이츠 재단 Gates Foundation이나 챈 저커버그 이니셔티브Chan Zuckerberg Initiative보다 더 큰 영감을 준다. 빛나는 아이디어와 비전을 토대로 만들어졌기 때문이다.

지금 당신이
할 수 있는 행동

실리콘밸리의 파티에서는 자신의 특권을 이용해 세상을 어떻게 더 나은 곳으로 바꿀 수 있을지가 대화 주제로 자주 오르내린다. 내가 가진 재능과 자원으로 다른 사람을 돕는 창의적인 방법을 한번 생각해보는 것은 어떨까? 매일 일에 치여 잊고 살았던 우리의 목적의식을 되찾아줄 것이다.

'왜 내가 다른 사람을 위해 이렇게 열심히 살아야 하나?' 라는 생각도 충분히 들 수 있다. 하지만 자기 자신만을 위해 사는 삶처럼 허무한 삶은 없다. 우리가 열심히 살아야 하는 이유는 다른 사람까지 돕기 위해서가 아닐까?

지금이라도 선행을 시작하고 싶다면 조금이나마 도움을 주려고 한다. 먼저 소개하고 싶은 단체는 이펙티브 앨트루이즘으로, 옥스퍼드에서 시작됐지만 실리콘밸리에 본사를 두고 있다. 창립자 윌리엄 맥아스킬William MacAskill은 '효율적 이타주의effective altruism'를 자신이 가진 자원과 시간을 가지고 어떻게 하면 가장 효율적으로 남을 도울 수 있는지 알아내고 실천하는 철학 혹은 운동이라고 표현한다. 감정보다는 이성을, 추론보다는 근거와 데이터를 이용해 선행하고자 하는 단체라고 볼 수 있다. 본사 사이트(effectivealtruism.org) 혹은 맥아스킬의 테드TED 강연을 보면 선행 혹은 자선에 대한 시각이 달라질 것이다. 실제로 많은 실리콘밸리의 기부자가 이 단체와 협업하고 있다.

싱어의 자선 단체 더 라이프 유 캔 세이브 사이트(https://www.thelifeyoucansave.org/best-charities/)에 가보면 비용 대비 효율이 높고 인상적인 활동을 하는 단체의 목록을 볼 수 있다. 이 목록을 읽어보고 어떤 단체에 기부할지 고민하는 과정에서 세상에 얼마나 도움이 많이 필요한지, 나 같은 개인이 얼마나 큰 도움을 줄 수 있는지 새삼 깨닫게 될 것이다. 한국의 자선 단체 혹은 대상자는 네이버 기부 페이지에 자세히 나와 있다. 직장에 기부금 매칭 제도가 있다면 적극 활용하자.

현재 거주하는 지역의 사람들을 직접 돕는 방법도 있다. 실리콘밸리의 자선 활동도 너무 장대한 목표에만 집중하고 정작 가까운 곳에 있는 작은 단체들이나 개인에게 실질적인 도움을 주지 못한다는 지적을 받고 있다. 주민센터에 찾아가 신청서를 작성하면 기간 및 대상에 맞춰 현금, 물품 등을 기부할 수 있다.

싱어의 윤리학을 더 읽고 싶다면…

《실천윤리학Practical Ethics》은 윤리에 관한 설명으로 시작해 동물 복지, 임신 중절, 안락사, 빈곤 원조, 기후 변화 등 싱어가 집중적으로 연구하는 분야를 종합적으로 다룬 책이다. 싱어의 신선하면서도 대담한 사고에 관해 자세히 알고 싶은 사람에게 추천한다.

《더 나은 세상 Ethics in the Real World》은 《실천윤리학》보다 더 쉽게 읽을 수 있는 책으로 3~5쪽 분량의 짧은 글로 구성돼 있다. 우리 삶에 바로 적용할 수 있는 83가지 윤리적 주제를 다루는 책으로 윤리학에 가볍게 입문하고 싶은 사람에게 추천한다.

이 책이 철학하는 습관의
불씨가 돼주기를

여기까지 오느라 고생이 많았습니다. 이 책은 재미있는 이야기를 많이 소개하지만 철학적 논증을 꽤 깊이 다루기도 하기에 마냥 가볍게 읽을 수 없었을 거예요. 과정이 어찌 됐든 내려놓지 않고 끝까지 읽어줘서 감사합니다.

이 책 한 권이 당신의 인생을 송두리째 바꿔놓을 것이라고는 감히 기대하지 않습니다. 그저 철학하는 습관을 키워주는 불씨가 된다면 만족합니다.

이제 이 책을 읽고 알게 된 철학자들과 더 친해지기를 권합니다. 나아가 그 철학자들과 함께 사유하고 대화하며 그들의 철학을 온전히 내 것으로 만들어보세요. 저처럼 어떻게 일상에서 철학하고 있는지를 기록해보는 일도 의미 있을 것입니다. 그런 과정이 쌓여서 당신의 시야가 넓어지고 삶이 더 풍요로워질 것임을 확신합니다.

여기까지 온 당신에게만 비밀을 하나 알려주자면 저는 사실 이 책을 집필하면서 종종 눈물을 흘렸습니다. 제 대학교, 대학원, 첫 사회생활의 기억을 어느 때보다 솔직히 바라보며 당시에는 너무나 거대하게 느껴졌던 고민에 다시 감정이입이 돼 눈물을 흘린 적이 많았습니다. 제가 만났던 사람들과 받을 수 있었던 가르침에 벅차오르는 감사함으로 눈물을 흘릴 때도 있었습니다.

그래서 제게 그래준 것처럼 이 책이 당신의 마음에 위로와 격려가 됐으면 합니다. 우리는 모두 더 좋은 삶, 더 나은 삶, 더 보람 있는 삶을 살려고 노력합니다. 그러다 상처를 받고 지쳐 주저앉기도 합니다. 부디 그럴 때마다 저를 일으켜준 철학자들이 당신을 일으켜줬으면 합니다. 이 책을 읽으며 그런 순간이 있었다면 제가 운영하는 유튜브 채널 〈철학하는 줄리〉에도 놀러 와서 서로 철학적 여정을 응원하는 사이가 됐으면 좋겠습니다.

계속 철학하고 곧 다시 만나요.

남연주

철학하는 습관

초판 1쇄 인쇄 2023년 6월 14일
초판 1쇄 발행 2023년 6월 28일

지은이 남연주
펴낸이 이승현

출판2 본부장 박태근
MD독자 팀장 최연진
편집 진송이
디자인 김태수

펴낸곳 ㈜위즈덤하우스 **출판등록** 2000년 5월 23일 제13-1071호
주소 서울특별시 마포구 양화로 19 합정오피스빌딩 17층
전화 02) 2179-5600 **홈페이지** www.wisdomhouse.co.kr

ⓒ 남연주, 2023

ISBN 979-11-6812-649-7 03100